INHALT

Einkaufen → S. 62

AM ABEND 70
TALLINNS LEBENDIGE PARTYSZENE:
LANGE NÄCHTE AUF DER PISTE

ÜBERNACHTEN 78
... IM KLOSTER, STADTHAUS AUS DEM
MITTELALTER ODER IM GLASPALAST

STADTSPAZIERGÄNGE

MIT KINDERN UNTERWEGS

EVENTS, FESTE & MEHR 94

ICH WAR SCHON DA! 96

LINKS, BLOGS, APPS & MORE 98

PRAKTISCHE HINWEISE 100

SPRACHFÜHRER 106

CITYATLAS & STRASSENREGISTER 110

REGISTER & IMPRESSUM 122

BLOSS NICHT! 124

Übernachten → S. 78

Cityatlas → S. 110

GUT ZU WISSEN
Richtig fit → S. 33
Flora Tallinn → S. 34
Entspannen & Genießen
→ S. 40
Bücher & Filme → S. 50
Gourmettempel → S. 58
Spezialitäten → S. 60
Mode made in Tallinn → S. 67
Luxushotels → S. 82
Grün & Fair Reisen → S. 100
Was kostet wie viel? → S. 103
Wettertabelle → S. 104

KARTEN IM BAND
(112 A1) Seitenzahlen
und Koordinaten verweisen
auf den Cityatlas und die
Übersichtskarte Tallinn mit
Umland auf S. 116/117
(0) Ort/Adresse liegt außerhalb des Kartenausschnitts
Es sind auch die Objekte mit
Koordinaten versehen, die
nicht im Cityatlas stehen
Einen Liniennetzplan der
öffentlichen Verkehrsmittel

**UMSCHLAG HINTEN:
FALTKARTE ZUM
HERAUSNEHMEN →**

finden Sie im hinteren
Umschlag

FALTKARTE 📕
(📕 A–B 2–3) verweist
auf die herausnehmbare
Faltkarte

2 | 3

Die besten MARCO POLO Insider-Tipps

Von allen Insider-Tipps finden Sie hier die 15 besten

INSIDER TIPP Jugendstilhäuser in der Altstadt
Auf der Straße Pikk lohnt es sich, den Blick auf die reich verzierten Fassaden zu richten: Eine ist schöner als die andere (Foto re.) → S. 35

INSIDER TIPP Tunneltour unterm Domberg
Führung durch Tallinns Unterwelt: Durch die Geheimgänge aus dem 17. Jh., die damals Schutz vor Angreifern boten, können Sie heute ganz sorglos streifen → S. 41

INSIDER TIPP Avantgardekunst in der Art Hall Gallery
Wer Estlands Kunstszene morgen dominiert, hat heute schon seine Arbeiten in dieser Galerie ausgestellt → S. 44

INSIDER TIPP Spitzel im Hotel
Das kleine KGB-Museum im Hotel Viru erzählt von jenen Tagen, als sich in Tallinn Spitzel und Spione trafen – und zwar am liebsten hier → S. 43

INSIDER TIPP Design im Hafen
Außergewöhnliche Andenken: Im Estonian Design House in der neu gestalteten Hafengegend haben junge estnische Designer einen Showroom mit originellen Möbeln und Home Accessoires eingerichtet – die Sie natürlich auch kaufen können → S. 66

INSIDER TIPP Süße Sünden im Schokoladencafé
Die im Master's Courtyard in der Unterstadt versteckte Pierre Chocolaterie ist eine Augenweide – auf winzigen Tischen mit Samtdecken wird Köstliches aus Schokolade serviert, von der Torte bis zum Trüffel → S. 56

INSIDER TIPP Club mit Bühne
Experimentelles auf der Bühne, Laufsteg für junge Modedesigner, Spielort alternativer Bands und trendiges Publikum auf der Tanzfläche: Das Theater Von Krahl bietet Raum für vielfältige Inszenierungen → S. 77

INSIDER TIPP **Nächtigen bei Nonnen**
Wohnen mit meditativem Touch: Das Pirita Kloostri Guesthouse im neuen Klostergebäude der Birgitterinnen ist eine modern eingerichtete Pension mit toller Aussicht auf das mittelalterliche Brigittenkloster in Pirita → S. 84

INSIDER TIPP **Torte bei Matilda**
Im entzückenden Matilda Café essen Sie mit Blick auf den Domberg köstliche hausgemachte Schokoladentorte auf dem roten Sofa → S. 56

INSIDER TIPP **Markt am Meer**
Tallinns neuer Markt Sadama Turg liegt direkt am Wasser – und bietet außer der schönen Location ausgefallenes Kunsthandwerk und viele estnische Spezialitäten → S. 68

INSIDER TIPP **Schönes fürs Zuhause**
Bei Home Art finden Sie stilvolle Wohnaccessoires, von denen die meisten sogar ins Handgepäck passen (Foto li.) → S. 67

INSIDER TIPP **Morgengrauen in der Kellerbar**
In der Bar Levist Väljas trifft sich am frühen Morgen eine bunte Mischung von Nachtschwärmern auf den letzten Absacker → S. 73

INSIDER TIPP **Designermode made in Tallinn**
Im Reet Aus Open Studio finden Sie innovative estnische Couture einer jungen Designerin – alles aus umweltfreundlich produzierten Materialen → S. 69

INSIDER TIPP **Plasmabildschirm im Mittelalter**
Das kleine Hotel Viru Inn in der Altstadt vereint Hightech mit Holzbalken und Bausubstanz aus dem 14. Jh. → S. 81

INSIDER TIPP **Schokolade und Champagner**
Im winzigen Vertigo Gourmet Deli & Café gibt es die köstlichsten Kuchen der Stadt – und alle Zutaten für ein exklusives Picknick → S. 56

BEST OF ...

TOLLE ORTE ZUM NULLTARIF
Neues entdecken und den Geldbeutel schonen

SPAREN

● *Park von Katharinental*
Der Park des einstigen Sommersitzes russischer Zare ist in der warmen Jahreszeit die perfekte Location fürs romantische Picknick unter alten Bäumen. Den Eintritt fürs Schloss Katharinental können Sie sich so glatt sparen: Aus dieser Perspektive entfaltet sich sein Flair mindestens so gut wie von innen → S. 46

● *Gratis-Stadttour*
Eine zweistündige Tour durch die Unterstadt und über den Domberg zum Nulltarif bekommen Sie bei *Tallinn Traveller Tours*. Die englischsprachigen Nachwuchs-Guides freuen sich über die Übungseinheit – und vielleicht auch ein kleines Trinkgeld → S. 36

● *Blick vom Domberg*
Spazieren Sie, vorzugsweise zur Dämmerstunde, auf dem Domberg von einer Aussichtsterrasse zur nächsten, und freuen Sie sich an den phantastischen Blicken auf die kleine Stadt am Meer – schöner ist die Aussicht vom Rathausturm (die Eintritt kostet!) auch nicht → S. 39

● *Apotheke aus dem Mittelalter*
Auch wenn Sie keine pharmazeutische Betreuung benötigen, lohnt der Besuch der dienstältesten Apotheke der Welt am Rathausplatz. Neben dem normalen Angebot bringt Ihnen hier eine kleine Ausstellung kostenlos die mittelalterliche Medizin nahe → S. 36

● *Orgelkonzert in der Domkirche*
Die Domkirche zählt zu den herausragenden Attraktionen Tallinns. Wenn Sie samstags um 12 Uhr das Gotteshaus betreten, kommen Sie auch noch gratis in den Genuss eines Orgelkonzerts → S. 40

● *Ein Museum für Marzipan*
Nicht nur für Süßmäuler interessant ist das winzige Marzipan-Museum des Traditionshauses Kalev. Kostenlos können Sie von Hand gestaltete Kunstwerke aus Marzipan bewundern und erfahren, wie das Mandelmus hergestellt wird (Foto) → S. 65

 Diese Punkte zeichnen in den folgenden Kapiteln die Best-of-Hinweise aus

TYPISCH TALLINN
Das erleben Sie nur hier

● *Rathausplatz*
Hier breitet sich das Leben Tallinns vor Ihnen aus wie in einem dreidimensionalen Bilderbuch. Schauen Sie auf die prachtvollen gotischen Fassaden, das wunderschöne Rathaus und vor allem auf das rege Treiben der Hauptstadtbewohner → S. 36

● *Alexander-Newski-Kathedrale*
Stimmungsvoll: Unter den Zwiebeltürmen der russisch-orthodoxen Kathedrale können Sie eine mentale Kurzreise nach Russland unternehmen. Wer zum Gottesdienst kommt, sieht nicht nur die eindrucksvolle Ikonensammlung dieses Gotteshauses, sondern bekommt auch Einblick ins geistliche Leben der russisch-orthodoxen Kirche → S. 38

● *Birgitta-Festival*
Estlands Sängerfeste sind in der ganzen Welt berühmt. Das Birgitta-Festival verbindet zwei typische Merkmale Tallinns: mittelalterliche Atmosphäre und die Liebe zur Musik. In der romantischen Kulisse des Brigittenklosters können Sie in der zweiten Augusthälfte klassische Konzerte vom Tallinner Symphonieorchester und anderen Ensembles genießen → S. 95

● *Meeresmuseum*
Im Hangar steht neben anderen Schiffen auch der erste dampfbetriebene Eisbrecher der Welt: Das neue Meeresmuseum im alten Wasserflughafen zeigt Ihnen auf beeindruckende Weise die enge Bindung zwischen der Hafenstadt und dem Meer → S. 34

● *Tafeln wie im Mittelalter*
Mit allen Sinnen ins Mittelalter und in die deutschbaltische Vergangenheit eintauchen: Das können Sie im Restaurant *Olde Hansa* mithilfe von kulinarischen und folkloristischen Zeitreisen: Zu mittelalterlicher Flötenmusik schmecken Wildschwein, Eintöpfe und Gewürzbier noch mal so gut (Foto) → S. 59

● *Einkaufen in der Katharinengilde*
Auf ihr traditionelles Handwerk lassen die Esten nichts kommen. Und die Estinnen auch nicht. In der *Katharinengilde* verkaufen Kunsthandwerkerinnen Dekoratives und Praktisches fürs Heim → S. 67

6 | 7

BEST OF ...

SCHÖN, AUCH WENN ES REGNET
Aktivitäten, die Laune machen

● *La Casa del Habano*
Tallinn mit leichtem Tropen-Flair: Auch wer keine Havannas rauchen mag, kann sich in dieser kuscheligen Bar an karibischer Atmosphäre und sonniger Musik erwärmen → S. 75

● *Ins estnische Kunstmuseum*
Das nationale Kunstmuseum KUMU ist wegen seiner kühnen zeitgenössischen Architektur schon von außen sehenswert. Im Inneren erleben Sie einen spannenden Überblick über die Entwicklung estnischer Kunst seit dem 18. Jh. → S. 46

● *Viru Shopping Centre*
In diesem Konsumpalast mit schicken Boutiquen und einer enormen Vielfalt an Geschäften können Sie locker einen halben Tag verbringen. Und wenn der Körper nach Stärkung verlangt, bestellen Sie Kaffee und Kuchen im *Café More* → S. 65, 61

REGEN

● *Estnisches Museum für angewandte Kunst und Design*
Ein Regentag ist wie dafür geschaffen, eine nationale Leidenschaft der Esten in Augenschein zu nehmen: Estnisches Design wird hier vom Schmuckstück bis zum Haushaltsgegenstand präsentiert → S. 30

● *Restaurant Gloria*
Dieses Kellergewölbe, in dem sich eins der besten Restaurants der Stadt befindet, ist bei schlechtem Wetter besonders gemütlich. Wer nicht zum Lunch oder Dinner einkehrt, sollte sich hier wenigstens zu einem Glas Wein und ein paar köstlichen Häppchen zurückziehen → S. 58

● *Stadtmuseum*
Im prachtvollen Gebäude aus dem 14. Jh. bekommen Sie über mehrere Etagen eine sehr anschauliche und informative Darstellung der Stadtgeschichte. Ganz oben unterm Dach empfängt Sie dann die Gegenwart Tallinns – und ein gemütliches kleines Café (Foto) → S. 37

ENTSPANNT ZURÜCKLEHNEN
Durchatmen, genießen und verwöhnen lassen

● *Strandtag in Viimsi*
Der Strand Haabneeme auf der Halbinsel Viimsi ist zwar nicht der nächstgelegene in der Umgebung von Tallinn, dafür ist er aber mit weichem Sand, sauberem Wasser und seinem malerischen Hinterland der schönste → S. 40

● *Ruhe am Meeresufer*
Die zum Kulturstadtjahr 2011 neu angelegte Uferpromenade ist ein wunderbarer Ort zum Flanieren fern von der Hektik der City. Atmen Sie tief durch und wenden Sie sich dem Meer zu – so wie Tallinn sich hier dem Ozean wieder zugewandt hat → S. 38

● *Abtauchen im City-Spa*
Auch wenn Ihr Hotel kein eigenes Spa besitzt, müssen Sie Tallinn nicht ohne eine wohltuende Massage verlassen. Einen ganzen Reigen wohltuender Anwendungen bietet zum Beispiel das *Kalev Spa* in der Altstadt – von der Ayurveda- bis zur Honigmassage → S. 40, 81

● *Ländliches Leben und Picknick am Meer*
Inmitten üppig grüner Natur liegt das Estnische Freilichtmuseum. In einem großem, wunderschönen Wald spazieren Sie zwischen Mühlen und Bauernhöfen, bevor Sie es sich zu Picknick und Sonnenbad am Meer bequem machen (Foto) → S. 50

● *Auszeit in der Sauna*
Die Esten sind wie ihre finnischen Nachbarn leidenschaftliche Saunagänger. Folgen Sie ihnen – zum Beispiel in das Traditionsschwitzbad *Kalma*. Wer lieber alleine schwitzt, kann hier auch eine private Sauna mieten → S. 40

● *Flanieren im Botanischen Garten*
Vom Kräutergarten steigen würzige Düfte in die Nase, die schöne Flusslandschaft an den Ufern des Pirita erfreut das Auge: Im Botanischen Garten bekommen Sie die perfekten Zutaten für eine sinnenfrohe Erholungspause vom Hauptstadttreiben → S. 49

ENTSPANNT

AUFTAKT

ENTDECKEN SIE TALLINN!

Am Sonntagmorgen sitzt ganz Tallinn auf seiner Bühne: dem blitzblanken Rathausplatz mit den pastellfarbenen Zuckerbäckerfassaden. Schon werktags gilt: Jeder, der in der Stadt zu tun hat, hat hier irgendwann seinen Auftritt, vom Botschafter bis zum Fernsehkoch. Am Sonntag flaniert halb Estland über diesen Präsentierteller. Von den gut 1,3 Mio. Esten leben immerhin 400 000 in der Hauptstadt. Die Menschen blinzeln auf den Terrassen der Cafés vor ihren Kaffeetassen, Eisbechern und Biergläsern in die Sonne und betrachten das Defilee. In Tallinn sitzt man unter freiem Himmel, wann immer keine Eisschollen im Weg liegen.

Tallinn ist zwar eine kleine Stadt, aber reich an Geschichte. Sie besitzt eine der am besten erhaltenen mittelalterlichen Innenstädte Europas und ist voller romantischem Zauber. Mit ihren spitzen Kirchtürmen, schmalen Altstadtgassen und grobem Kopfscheinpflaster, mit einer alten Stadtmauer und den anmutigen Kuppeln der Alexander-Newski-Kathedrale lädt Tallinn zum entspannten Spaziergang ein. Doch unter der historischen Fassade schlägt ein junges und ehrgeiziges Herz. Seit Estland im Jahr

Bild: Blick auf die Unterstadt

1991 unabhängig wurde, fährt Tallinn auf der Überholspur. Musik und Mode, Design und IT – zu allem fällt den kreativen Bewohnern etwas ein.

Das zeigten sie auch schon zwischen 1987 und 1991. Im Windschatten der Perestroika verwiesen die Esten – wie ihre baltischen Nachbarn – mit dem Singen traditioneller (und von den Sowjets verbotener) Freiheitslieder knapp vier Jahrzehnte sowjetischer Besatzung in die Geschichtsbücher. 1990 sangen 300 000 Esten in der Tallinner Sängerfestarena ihre verbotene Nationalhymne – ein scheinbar harmloser Akt, der aber große Symbolkraft besaß. Ein Jahr später war Estland endlich unabhängig. Jahrhunderte dänischer, deutscher, schwedischer, russischer und sowjetischer Fremdherrschaft haben diese Haltung bewirkt: Was das Leben auch bereithalten mag, man nimmt es mit allem auf. Und meist beweist man am Ende den längeren Atem.

Unter der historischen Fassade schlägt ein ehrgeiziges Herz

Nach der „singenden Revolution" flogen Hämmer, Sichel und Leninbüsten auf den Müll, Tallinn stürzte sich auf die Zukunft. Eine demokratische Regierung formierte sich, deren Minister in einigen Fällen nicht mal die 30 überschritten hatten. Die schrägsten Restaurants und Clubs machten von sich reden, eine avantgardistische

Gemütliche Cafés finden Sie an jeder Ecke – so wie hier am Rathausplatz

AUFTAKT

Kunstszene trat an die Öffentlichkeit, der nicht anzumerken war, dass ihre Wurzeln unter sowjetischem Kulturdiktat entstanden waren.

In nur 13 Jahren wurde Estland EU- und Nato-Mitglied. Auch äußerlich ist Tallinn aufgeblüht: Die Stadt, die zu Beginn der 1990er-Jahre noch von tristem Grau, blätterndem Putz und zerfallenden Bauten geprägt war, hat sich in eine farbenfrohe, lebhafte Kapitale mit liebevoll restaurierter Altstadt verwandelt. Von der Unesco wurde der gesamte historische Kern *(Vanalinn)* als einer der am besten erhaltenen mittelalterlichen Stadtkerne Europas 1997 zum UNESCO-Welterbe erklärt. Zwei steile Gassen führen auf den Domberg und in die Geschichte der Stadt. Das alte deutsche „Reval" änderte erst bei seiner ersten Unabhängigkeit von Russland im Jahr 1918 seinen Namen in Tallinn. Dieser geht auf die Zeit der dänischen Herrschaft im Mittelalter zurück; im Estnischen heißt *taani linn* dänische Stadt.

> **Der mittelalterliche Kern ist UNESCO-Welterbe**

Im 13. Jh. hatte der Schwertbrüderorden deutsche Kaufleute nach Reval eingeladen, um hier einen Handelsplatz aufzubauen. Bereits wenige Jahre später war Reval mit der Hanse verbunden und nahm die Privilegien des Handels- und Städtebunds in Anspruch. Damals verschanzten sich die deutsche Oberschicht und der Bischof auf dem Hügel vor dem Volk unten – und die reichen Kaufleute unten vor dem armen Klerus oben. Die Grenze zwischen den Welten heißt noch heute die „Mauer des Misstrauens". Zur Sicherheit verschloss man oben am Abend die Wege, die Ober- und Unterstadt miteinander verbinden.

Heute residieren auf dem Domberg im Schatten der russisch-orthodoxen Alexander-Newski-Kathedrale und des pinkfarbenen Parlaments die Botschafter. Von zwei Aussichtsterrassen öffnen sich wunderschöne Blicke auf die spitzen Kirchtürme, roten Ziegeldächer und verschlungenen Gassen der Unterstadt, auf verstreute Hochhäuser dahinter und schließlich das tiefblaue Meer und den Hafen, wo die Fähren aus Helsinki und im Sommer fast jeden Tag Kreuzfahrtschiffe anlegen.

Seinen ganz besonderen Charme bezieht Tallinn aus dem Nebeneinander von Historie und Moderne, von gemütlicher

Ruhe und Weltläufigkeit, von russischen Einflüssen und skandinavischem Flair. Letzteres ist den estnischen Tallinnern lieb und teuer. Denn nur 49,5 Prozent der Hauptstadtbewohner sind Esten; die restliche Bevölkerung setzt sich vor allem aus Russen (40,5 Prozent), Ukrainern (4,3 Prozent) und Weißrussen (1,2 Prozent) zusammen – eine Folge der früheren Zugehörigkeit zur UdSSR, die von Moskau zwecks besserer Anbindung großzügig mit eigenen Bürgern besiedelt wurde.

Nicht unbedingt mit Erfolg, denn die Beziehung zwischen Besetzten und Besatzern blieb schwierig. Für allzu viele Esten endete ihr Widerstand gegen das Regime in Sibirien; während des Zweiten Weltkriegs wurde fast die gesamte Elite verschleppt. Vor diesem Hintergrund ist nachvollziehbar, warum die Vergangenheit hier wenig Sentimentalität weckt – von „Ostalgie" keine Spur.

Nach der Unabhängigkeit orientierte man sich bewusst an den nördlichen Nachbarn und sieht sich heute eher als skandinavischer denn als osteuropäischer Staat. Die innere Ausrichtung nach Norden hat auch geografische Gründe. Gerade mal 80 km trennen Tallinn von Helsinki. Zudem gehört die komplizierte estnische Sprache nicht zur indogermanischen, sondern zur finnougrischen Sprachfamilie. Was bedeutet, dass Esten und Finnen sich ganz gut miteinander verständigen können – auch in der Sauna. Die ist in beiden Ländern Kulturgut.

Über Jahrhunderte war Tallinn ein Handelsplatz an der Schnittstelle von Ost und West. Die alte Hansestadt ist bis heute eine Stadt des Handels geblieben. Neben Niederlassungen internationaler Ketten blüht auch der echte, eigenständige Einzelhandel. In der Altstadt drängen sich neben verwinkelten Ladenlokalen auch Kunstgalerien und Fachgeschäfte für Kristallgläser, Kronleuchter oder Quilts. Freuen Sie sich aufs Shopping, vor allem auf Kunsthandwerk und Schönes fürs Zuhause.

Gemütliche Cafés, Bars und Clubs an jeder Ecke

Und aufs Ausgehen. Gemütliche Cafés finden Sie an jeder Ecke, und für den Abend gibt es reichlich Bars und Clubs. Tallinns Nachtleben ist ebenso wie die bunte Restaurantszene einer Hauptstadt würdig. Als Hafenstadt und wichtiger Stützpunkt für Moskau war sie immer weltoffener als andere Regionen hinter dem Eisernen Vorhang. Nach der Wende griffen die Bewohner auch kulinarisch nach dem Rest der Welt. Kaum eine Landesküche ist hier nicht vertreten, gewagte Crossover-Cuisine ebenso wie russische Kochkunst.

2011 war die estnische Kapitale europäische Kulturhauptstadt. Unter dem Motto „Geschichten von der Meeresküste" feierte die Stadt sich und letztlich auch ihr wechselvolles Verhältnis zum Meer. Ihre Lage am Meer an der Kreuzung der Seewege zwischen Ost und West bot schließlich nicht nur den Stoff für eine reiche Geschichte, sondern auch für eine Fülle von Geschichten. Mit ihnen bewegte Tallinn nicht nur Besucher aus ganz Europa, sondern auch sich selbst: nämlich hin zum Meer. Während der Sowjetzeit hatte die alte Hafenstadt der Küste regelrecht den Rücken gekehrt; es gab kaum Stellen, an denen sie zugänglich war. 2011 begann die Öffnung zum Meer, und heute flanieren die Hauptstädter wieder gerne an seinem Saum, der neu geschaffenen Uferpromenade. So hat Tallinn sein besonderes Jahr dazu genutzt, die Kultur mit der Natur zu versöhnen – und mit einem Teil der jüngeren Geschichte seinen Frieden geschlossen.

Pünktlich zum Kulturhauptstadtjahr wurde Estland auch monetär ein Teil Europas. Seit dem 1. Januar 2011 wird mit dem Euro bezahlt, was auch Touristen das Leben erleichtert. Und auch sonst ist Estland wirtschaftlich erstaunlich gut aufgestellt. Die Wirtschafts- und Finanzkrise von 2008 wurde hier relativ schnell überwunden, und während einige EU-Staaten in Schulden versanken, glänzte das kleine Land im Nordosten mit einer beneidenswert niedrigen Neuverschuldung. Zu Tallinns zahlreichen Talenten gehört auch die Stärke

Tallinn ist die IT-Hauptstadt von Europa

Warm und wollig: Filzmützen und Wandteppiche im Estonian Handicraft House

im IT-Bereich. Hier wurde der Internet-Telefondienst Skype entwickelt. Drahtloser Internetzugang ist fast überall verfügbar: an 1100 kostenlos nutzbaren WLAN-Zonen im Land und fast 400 in der Hauptstadt. Sichtbar ist die IT-Affinität auch im Stadtbild – in allen Cafés und in den Lobbys von Museen und Hotels sehen Sie Menschen mit Netbooks auf den Knien.

Trotz des entschlossenen Blicks der Bewohner nach vorn können Sie in der baltischen Boomtown Geschichte und Geschichten live erleben – vom mittelalterlichen Kopfsteinpflaster der Altstadt über das pinkfarbene Schloss Katharinental, das der russische Zar Peter I. für seine Ehefrau errichten ließ, bis zu den sowjetischen Plattenbauten im Stadtteil Lasnamäe. Lassen Sie sich treiben und Tallinn erzählen. Sie werden feststellen: Die kleine Stadt steckt voller Zauber.

IM TREND

1 Nachhaltig mobil

Velo-Sophie Eine komfortablere Art der Stadterkundung als mit dem Segway gibt es wohl kaum. Mit dem elektrischen Zweirad erreichen Sie bequem die Sehenswürdigkeiten – und das fast emissionsfrei. Mieten kann man sie bei *Segway eesti (Vene 3, Foto)*. Wer lieber selbst in die Pedale tritt, leiht ein Rad bei *16 Euro Hostel Bike Rental (Roseni 9)*. Selbst bei Dauerregen verzichten die Tallinner nicht aufs Rad. Dann besuchen sie einfach den 500 m² großen Indoorskatepark *Gruuvi (Pärnu mnt. 139e)* – und steigen auf BMX oder Skateboard.

2 2nd Hand Deluxe

Designermode aus zweiter Hand Das einstige geringe Budget der Tallinner konnte die Sehnsucht nach Designermode nicht stoppen. Das Ergebnis: Secondhand-Shops, die in der modeverrückten Stadt zum Kult geworden sind. Angesagte estnische Labels wie etwa *Hula (Pikk 41, www.hula.ee, Foto)* gibt es im Shop *LAI 10 (Lai 10)*, der einem Schweizer Althippie gehört oder bei *Namarie (Aia 3)*. Die großen Schnäppchen macht man bei *USA Today (Järveotsa tee 54)*.

3 Ethno-Grooves

Fusion von Pop und Folklore Im Land der Esten ist Zwölftonmusik genauso salonfähig wie Rock oder Pop. Jedoch fegt nun mit einer Mischung aus traditionellen Folk-Klängen und modernen Rhythmen ein neuer Wind durch die estnische Musiklandschaft: *Kukerpillid (www.kukerpillid.ee)* nennen sich fünf Folkmusiker, die die alten Hits zeitgemäß interpretieren. Ein ähnliches Konzept verfolgt das *Diskreetse Mango Trio (www.diskreetsemangotrio.ee, Foto)*. Live gibts das Ganze in der *Linnahall (Mere pst. 20, www.linnahall.ee)* zu sehen.

In Tallinn gibt es viel Neues zu entdecken. Das Spannendste auf dieser Seite

Szenegänger

Von originell bis alternativ Tallinn hat für jeden Geschmack die passende Location, ohne dabei an Originalität zu verlieren: Die *Ice Bar* (Dunkri 4/6, www.icebar.ee, Foto) bietet eine große Auswahl an Cocktails und Shots, die in aus Eis geformten Bechern serviert werden. Das Urlaubsgefühl wird im *Traveller's Pub Seiklusjutte maalt ja merelt* (Tartu mnt. 44), was so viel heißt wie „Reisegeschichten von Land und Meer", so richtig geweckt. Die rustikale Kneipe ist mit Weltkarten und Fotos aus der ganzen Welt dekoriert und lässt die Gedanken in die Ferne schweifen. Eine Alternative zu den schicken Trendclubs ist das *Juuksur* (Vaimu 1) in der Altstadt. Die Kellerbar ist mit abgenutzten Möbelstücken und alten Friseurstühlen ausgestattet und versammelt bei alternativer Livemusik Tallinns Künstler- und Studentenszene.

Dinner-Abenteuer

Speisen in einer anderen Welt Themenrestaurants sind der letzte Schrei in der Gastroszene und machen das Dinner zum Erlebnis: Im *Korsaar* (Dunkri 5, www.korsaar.ee) kommt bei Holzplanken und Haifischbecken echte Piratenstimmung auf. Auf der Karte ist natürlich das Meer Programm. Eine kulinarische Reise in mittelalterlichem Ambiente gibt es im *Maikrahv restoran* (Raekoja plats 8, www.maikrahv.ee). In alten Bogengewölben mit Eichentischen heißt es bei romantischer Musik die internationale Küche genießen. Im *Turg* (Mündi 3, www.turg.ee, Foto) herrscht dagegen das ganze Jahr über Frühling, wenn das Essen unter anderem von Vogelgezwitscher begleitet wird.

16 | 17

STICHWORTE

BESATZUNG

Estlands Geschichte ist von Fremdbestimmung geprägt. Von 1238 bis 1346 gehörte Tallinn zu Dänemark, danach hatte bis 1561 der Livländische Orden das Sagen – zu dem sich der Schwertbrüderorden und der Deutsche Orden vereinigt hatten. Von da an gehörte Tallinn zu Schweden, bis 1710 Peter der Große Estland eroberte. Bis zur Russischen Revolution 1918 blieb Estland dann Teil des russischen Zarenreichs. Das von Peter I. erbaute Schloss Katharinental und die Newski-Kathedrale erinnern an diese Epoche. Unabhängig war Estland in einer ersten relativ kurzen Phase zwischen 1918 und 1940. 1940 besetzte die Sowjetunion die baltischen Staaten, von 1941 bis 1944 folgte Nazideutschland. Und von 1944 bis 1991 dauerte die erneute Besatzung durch die Sowjetunion. Erst seit 1991 ist das Land wieder unabhängig.

DEUTSCHBALTEN

Die deutschen Einflüsse haben zwei Wurzeln. Zum einen rief der Papst 1202 dazu auf, die baltischen Heiden notfalls mit dem Schwert in den Schoß der Kirche zu führen. Deutsche Ordensritter zogen daraufhin mit Waffengewalt ins Land, der deutschbaltische Adel ging aus ihnen hervor. Es dauerte jedoch mehr als 100 Jahre, den Widerstand der Esten zu brechen. Seit 1285 war Tallinn zudem mit der Hanse verbunden, weshalb sich deutsche Kaufleute hier ansiedelten. Sie errichteten Kontore, Häuser und Kirchen und organisierten sich in Gilden: zum

Bild: Dicke Margarete (Estnisches Schifffahrtsmuseum)

Schwere Mauern, wacher Geist: Diesen Phänomenen werden Sie in der Altstadt immer wieder begegnen

Schutz vor Konkurrenz und vor Raubzügen und nicht zuletzt als Mittel gegen das Heimweh. Die meisten fanden hier auf Dauer ihre Heimat, ohne ihre Sprache aufzugeben; auch die folgenden Generationen sahen sich deshalb nicht als Esten, sondern nannten sich Deutschbalten. Mit dem Hitler-Stalin-Pakt 1939 war diese Epoche dann endgültig vorbei; die Deutschbalten wurden umgesiedelt nach Posen und Westpreußen. Heute ist Deutschland einer der wichtigsten Handelspartner Estlands – und es leben wieder, wenn auch nur wenige, Deutsche in Tallinn.

EUROPA

Angesichts der Tatsache, dass Estland bis vor zwei Jahrzehnten eine Sowjetrepublik war, hat sich das Land geradezu rasant in Richtung Westen entwickelt – und in Richtung Europa. 2004 wurde Estland Mitglied der Europäischen Union. Sowohl wirtschaftlich als auch in Hinblick auf das estnische Selbstverständnis war die Aufnahme in die EU ein Meilenstein.

Zwar hat die globale Wirtschaftskrise von 2008 Estland nicht unberührt gelassen. Doch der kleine baltische Tigerstaat stand schnell wieder auf und mauserte sich zu einem europäischen Musterschüler, als andere EU-Mitglieder noch strauchelten. Schon 2010 wuchs die Wirtschaft wieder, und der Einführung des Euros am 1. Januar 2011, die die Attraktivität des Landes und seiner Hauptstadt für Touristen noch deutlich steigerte, stand nichts im Weg. Knapp sieben Jahre nach dem EU-Beitritt und vier Jahre nach dem Beitritt zum Schengener Abkommen wurde die einstige Sowjetrepublik somit auch monetär zu einem kleinen, aber zuverlässigen Teil der EU. Als Griechenland, Irland, Spanien und Portugal die EU in eine Euro-Krise stürzten, war das kleine Estland mit einer beneidenswert niedrigen, einstelligen Verschuldungsrate wirtschaftlich solide aufgestellt. Seine kulturelle Kompetenz bewies Estland als europäische Kulturhauptstadt des Jahres 2011.

GEISTER & GÖTTER

Zwar ist Tallinn voller Kirchen, doch die meisten Besucher darin sind Touristen. Viele Esten meiden eher die Institution Kirche als die Spiritualität. Die zahlenstärkste Gemeinde ist die evangelisch-lutherische, zu der sich offiziell 30 Prozent bekennen. Knapp dahinter rangiert die russisch-orthodoxe Kirche, der (offiziell) 28 Prozent angehören. Aber nur knapp 20 Prozent der Esten sind praktizierende Christen. Während der Sowjetzeit wurden religiöse Aktivitäten nicht gerade gefördert, viele Kirchen wurden kurzerhand leergeräumt und zu Veranstaltungsorten oder Lagerräumen umfunktioniert. So pflegen viele Menschen bis heute ihren Glauben ganz im Privaten. Oder sie besinnen sich der heidnischen Bräuche ihrer Ahnen. Denn als andere Europäer längst auf harten Kirchenbänken saßen, lebten die Esten noch immer in einem geheimnisvollen Universum aus Geistern und Göttern. Schließlich ging die Christianisierung Estlands schon aus sprachlichen Gründen eher schleppend voran. Die christlichen Ritter sprachen Deutsch, was ihre Bemühungen um das Seelenheil der Esten erschwerte. Vielen Esten ersetzt heute die Natur die Religion. Einen Hang zur Esoterik leisten sie sich ohnehin gern, und die mentale Rückkehr zur Natur passt gut zum stark ausgeprägten Umweltbewusstsein. So wurden zur Feier des EU-Beitritts eine Million Bäume in Estland gepflanzt. Dass sie Bäume anbeten, sagen Hauptstadtbewohner zwar mit einem Augenzwinkern. Doch die Verehrung der Natur (und der Respekt vor ihr) ist Teil des spirituellen Erbes. An Estlands Nordküste sollen noch vor rund 100 Jahren Erdgeister zumindest in den Köpfen der Menschen herumgespukt sein. Viele Bauern brachten ihnen noch vor wenigen Generationen Gaben dar –

www.marcopolo.de/tallinn

STICHWORTE

und zwar an den Stämmen alter Bäume. Und wenn sie einen Baum fällen mussten, baten sie ihn vorher um Vergebung. Wer heute die Bräuche rund um den Mittsommer sieht, mag glauben, dass die Esten die Schöpfung in ihrem unmittelbaren Ausdruck verehren: in der Natur.

IT

In Sachen Informationstechnologie ist die Stadt auf dem neuesten Stand. „Kostenloses Internet sollte mit dem Fahrrad erreichbar sein", hieß es in einem Regierungsprogramm. Die Software für den Internet-Telefondienstleister Skype wurde maßgeblich von Sten Tamkivi, einem estnischen IT-Star, und seinem Team von Programmierern entwickelt. Logisch, dass auch WLAN weit verbreitet ist: Landesweit gibt es mehr als 1100 kostenlose Zonen (allein in Tallinn fast 400). Die Parlamentssitzungen ihrer Volksvertreter können Esten live im Netz verfolgen. Die Abgeordneten stimmen per Mausklick ab und arbeiten bereits seit 2000 komplett ohne Papier.

KALEV

Dieser Mann wird Ihnen immer wieder begegnen – auf Schokoladentafeln, als Namensgeber eines Wasserparks und des Basketballclubs BC Kalev Tallinn. Kalev war in der Mythologie vor der Christianisierung König der Esten und ist der Held des Nationalepos Kalevipoeg. Ein Riesenadler soll ihn auf seinen Flügeln nach Estland gebracht haben, um dort zu regieren; seine letzte Ruhestätte ist angeblich der Domberg. Historisch belegt ist Kalevs Existenz nicht, doch während der langen Fremdbestimmung war er den Esten das Symbol einer eigenständigen Identität.

MEER

Tallinn liegt am Meer. Doch erst seit die estnische Kapitale 2011 neben dem finnischen Turku Europas Kulturhauptstadt war, spürt man das auch wieder. Die Stadt nutzte die Gelegenheit, sich auf ihre Lage an einer Kreuzung wichtiger Seewege zu besinnen. Über Jahrzehnte hatte die estnische Kapitale

Den Schiffen ganz nah: Strandleben an der Tallinner Bucht mit Blick auf den Fährhafen

gewissermaßen mit dem Rücken zum Meer gelebt. Das war zwar insbesondere vom Domberg aus immer zu sehen gewesen, aber Fußgängern kaum zugänglich – genauso wenig wie viele schöne Strände. Dieser Umstand rührte noch aus Zeiten, als die Machthaber fürchteten, die Bevölkerung könnte auf dem Wasserweg zu entkommen suchen. Deshalb war ein großer Teil der Küste Sperrgebiet. Zum Kulturhauptstadtjahr hat sich Tallinn dem Meer, dem es seit jeher seine Bedeutung als Handelsplatz verdankte, wieder zugewandt. Endlich hat die Hauptstadt ihre lang ersehnte Promenade bekommen, die zum neuen Meeresmuseum führt. Die Küste wird nun wieder zu einem Stück der Stadt.

MITTELALTER

Mit einer von 46 Türmen bewachten Stadtmauer war das mittelalterliche Reval eine der wehrhaftesten Festungen in Europa. Das Erbe bedeutet für Tallinn handfestes touristisches Kapital. Im Juni strömen die Besucher zum mittelalterlichen Stadtfest, im Juli zu den mittelalterlichen Markttagen, und keine Pauschalreise nach Tallinn ist komplett ohne mittelalterliches Mittagessen im Restaurant *Olde Hansa*, wo nach jahrhundertealten Rezepten gekocht wird. Die Fixierung auf die (mutmaßlichen) äußerlichen Attribute längst vergangener Zeiten ist Tallinns Markenzeichen und eines seiner wirtschaftlichen Standbeine.

MUSIK

Ohne Musik geht nichts in Tallinn, dem Zentrum estnischer Klangwelten von Folklore bis Jazz. Seit dem ersten Sängerfest 1869 sind diese Veranstaltungen Top-Events – aber nicht die einzigen. Kaum eine Sommerwoche vergeht ohne Musikfestival. Während der Sowjetzeit versickerte viel Potenzial nach Westen:

Rotermann-Viertel: Jenseits der Stadtmauern wird ein neues Quartier hochgezogen

www.marcopolo.de/tallinn

STICHWORTE

Riesentalente emigrierten – wie der Komponist Arvo Pärt (Jahrgang 1935), der 1980 nach Berlin ausreiste. Pärt schrieb die ersten estnischen Zwölftonstücke und wandte sich dann der Sakralmusik zu. Erkki-Sven Tüür, 1959 geboren, begann als Rockmusiker. International bekannt wurde er mit Kompositionen für Orchester und Chor, Theater und Film. Die 1972 geborenen Zwillingsschwestern Anu und Kadri Tali dirigieren und managen das Nordic Symphony Orchestra, in dem Musiker aus 15 Nationen spielen.

ROTERMANN-VIERTEL

Wo vor 150 Jahren ein Sägewerk und eine Spinnerei um die Wette lärmten, befindet sich heute eines der meistgeliebten (und am heißesten diskutierten) Prestigeobjekte der Stadt. 2007 wurde das schon lange heruntergekommene Gelände des baltendeutschen Industriellen Christian Abraham Rotermann (1801–1870) als schickes *Rotermann Kvartal* wiedergeboren: mit modernen Apartments, Büros, Cafés und dem Einkaufszentrum *Viru Shopping Centre*. Nachdem die Finanzkrise einigen Geschäften das Leben in den schön restaurierten alten Backsteingebäuden und architektonisch interessanten Neubauten erst schwer und dann unmöglich machte, wird der Platz im Zentrum des Areals zunehmend für Konzerte, Ausstellungen und Theateraufführungen genutzt. Im Sommer findet hier ein Lebensmittel- und Kunsthandwerkermarkt statt, in der Adventszeit ein stimmungsvoller Weihnachtsmarkt. So gelang es, den 80 000 m² großen Komplex zwischen Altstadt und Fährhafen, der Jahrzehnte lang brach gelegen hatte, in ein angesagtes Viertel zu verwandeln. Bisher ist allerdings erst ein Teil des Rotermann-Viertels bebaut, in den nächsten Jahren soll es fertiggestellt werden.

RUSSEN

Mehr als 40 Prozent der Hauptstadtbewohner haben russische Wurzeln. Dennoch haben Esten und Russen ihre Probleme miteinander. Verantwortlich dafür sind die Jahrzehnte als unfreiwillige Sowjetrepublik, die von Repressalien durch die Sowjets und anhaltendem estnischem Widerstand begleitet waren, der sich insbesondere in der Pflege der estnischen Sprache und Kultur äußerte. Zahlreiche Esten wanderten deswegen in sibirische Straflager. Wie schwierig das Verhältnis bis in die jüngste Vergangenheit ist, zeigte sich im Jahr 2007, als russischstämmige Demonstranten eine blutige Straßenschlacht anzettelten, bei denen ein Mensch starb. Anlass war die Verlegung eines sowjetischen Kriegerdenkmals vom Zentrum an den Stadtrand. Für die Esten war das Denkmal ein Symbol sowjetischer Unterdrückung, die russischsprachige Bevölkerung sah sich darin als Befreier vom Nationalsozialismus gespiegelt – zwei Vorstellungen, die sich schwer vereinbaren lassen. Die Ruhe war bald wieder hergestellt, die Ressentiments bleiben allerdings bestehen.

Ihre Weigerung, die komplizierte estnische Sprache zu erlernen (und sie auch nach der Einbürgerung im Alltag zu sprechen), wird vor allem älteren Russen oft vorgehalten. Die Einbürgerung ist aus diesem Grund an einen anspruchsvollen Sprachtest gebunden. Dass viele russischstämmige Esten, die zu Hause Russisch miteinander sprechen, ihre Kinder in estnischsprachigen Kindergärten anmelden, lässt jedoch hoffen, dass nachwachsende Generationen mit den Sprachbarrieren auch den latenten Konflikt überwinden. Auf jeden Fall wird die Zweisprachigkeit ihnen auf dem Arbeitsmarkt helfen. Denn dort werden bessere Positionen derzeit überwiegend an Esten vergeben.

DER PERFEKTE TAG
Tallinn in 24 Stunden

09:00 STARTPUNKT RATHAUSPLATZ

Am *Rathausplatz* → S. 36 schlägt das Herz der Hauptstadt, und zugleich sehen Sie, was Tallinn so unvergleichbar macht: die wunderschöne historische Bausubstanz bei völliger Abwesenheit musealer Stille. Die Stadt lebt – und wie! Die Cafés sind schon am Morgen gut besucht. Schauen Sie auf die gotischen Fassaden und das *Rathaus* → S. 36 (ab 10 Uhr können Sie im Sommer auch den Turm hochklettern), und genehmigen Sie sich danach einen Cappuccino im beliebten Café *Kehrwieder* → S. 56 (Foto li.).

10:00 AUF DER PIKK & AUSBLICK

Die Straße *Pikk* → S. 35 mit ihren liebevoll restaurierten Fassaden ist eine der schönsten der Stadt. Schmuckstücke sind das Haus der Großen Gilde und der Sitz der Bruderschaft der Schwarzhäupter. Alle, die gern erst einmal den Überblick haben, sollten jetzt auf den Turm der *Olaikirche* → S. 35 klettern. Vor 500 Jahren war sie das höchste Gebäude der Welt, bis heute ist der Blick auf die Altstadt einfach phantastisch.

11:00 GIPFELSTURM: ZUM DOMBERG

Stadt, Hafen, Meer: Alles auf einmal sehen Sie auf dem Domberg. Bewundern Sie das Panorama der Stadt von allen vier *Aussichtsterrassen* → S. 39, werfen Sie einen Blick in die *Domkirche* → S. 40 und die von Zwiebeltürmen gekrönte *Alexander-Newski-Kathedrale* → S. 38. Kurz vor dem Gipfel liegt das Café *Bogapott* → S. 56, wo Sie sich stärken können.

12:00 SCHLENDERN, SCHAUEN, SHOPPEN

Lassen Sie sich über die Straße *Viru* → S. 38 (Foto re.) treiben, Tallinns bunte Einkaufsmeile, die Sie bis zur *Stadtmauer* → S. 36 führt. Kurz vor ihrem Ende machen Sie einen kleinen Abstecher nach links zum *Wollmarkt* → S. 68, wo es schöne Strickwaren mit nordisch geprägten Mustern gibt.

13:00 LUNCH IM MODERNEN TALLINN

Weiter geht es jenseits der Stadtmauer. Zum Lunch steuern Sie das in der Neustadt gelegene Restaurant *Kohvik Komeet* → S. 61 an, wo Sie sich in schönem Ambiente von einer bekannten estnischen Kochbuchautorin verwöhnen lassen.

www.marcopolo.de/tallinn

Die schönsten Facetten von Tallinn kennenlernen – mittendrin, ganz entspannt und an einem Tag

15:00 KUNST & KATHARINA

Per Taxi oder Bus geht es nach Katharinental (Kadriorg). Dort steht das prachtvolle gleichnamige *Schloss* → S. 48 von Zar Peter I. Schlendern Sie durch den schönen *Park von Katharinental* → S. 46 (Foto re.), und besuchen Sie das benachbarte Kunstmuseum *KUMU* → S. 46. Am besten setzen Sie einen Schwerpunkt – zum Beispiel auf die deutschbaltische Ära oder die Gegenwart.

18:00 DINNER IM Ö

Zeit für ein leichtes Dinner in trendiger Atmosphäre: Im Restaurant *Ö* → S. 57 kreiert einer der bekanntesten Köche Tallinns kulinarische Köstlichkeiten estnischer Herkunft. Für ein Dessert ist auch noch Zeit, denn von hier ist es nicht weit zur Nationaloper.

20:00 LOGENPLATZ IN DER OPER

Die Aufführungen in Tallinns *Nationaloper* → S. 77 sind nicht nur ausgezeichnet, im Vergleich zu westlichen Opernhäusern bekommen Sie auch noch preiswerte Karten (auf den oberen Rängen ab 4 Euro). Weiteres Highlight ist das Sehen und Gesehenwerden während der Pause – hier treffen sich alle Alters- und Berufsgruppen.

22:00 ABSACKER IN DER LOUNGE 24

Nicht allzu weit ist es vom Opernhaus zum *Radisson Blu Hotel*, wo in der 24. Etage Cocktails mit Aussicht serviert werden. Die *Lounge 24* → S. 76 bietet eine grandiose Kulisse für den Absacker und ist zugleich ein idealer Beobachtungsposten für Studien einheimischer Gepflogenheiten.

23:00 ZUG DURCH DIE CLUBS

Wer jetzt noch Kraft hat, stürzt sich ins Nachtleben: In der *Lounge Kaheksa/Lounge 8* → S. 76 treffen Sie schicke Leute, die leckere Cocktails schlürfen, in der angesagten Lounge-Bar *Wabadus* → S. 76 und im populären Club *Hollywood* → S. 74 hat der Abend erst begonnen – und die Nacht wird garantiert lang.

In die Altstadt, also auch zum Startpunkt, kommen Sie am schnellsten zu Fuß, nach Katharinental mit Taxi oder Bus Nr. 1, 1a, 19, 29, 29a, 29b, 34a, 38 oder 44

24 | 25

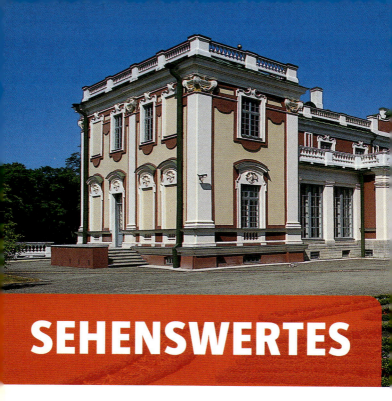

SEHENSWERTES

CITY WOHIN ZUERST?
Am **Rathausplatz (112 C3)** (*B4*) trifft sich seit dem Mittelalter ganz Tallinn. Hier sind Sie im Mittelpunkt des Geschehens, in der historischen Unterstadt, die überwiegend autofrei und so klein ist, dass Sie sie bequem zu Fuß erkunden können. Von hier aus sind es auch nur wenige Gehminuten auf den Domberg, wo Sie von mehreren Aussichtsterrassen einen schönen Rundblick über die Stadt haben. Ihr Auto lassen Sie am besten auf einem der Parkplätze vor der Stadtmauer stehen (gegen eine geringe Gebühr).

Das historische Zentrum mit der mittelalterlichen Unterstadt und dem Domberg ist das touristische Herz der Stadt und zugleich ihre schönste Seite.
Doch jenseits ihrer alten Begrenzung eröffnen sich weitere spannende Perspektiven. Da sind die neuen Hochhäuser der City mit schicken Hotels und funkelnden Einkaufszentren und der lebhafte Hafen, in dem die Fähren aus Helsinki und die Kreuzfahrtschiffe auf Nordeuropareise anlegen und Fluten von Tagesbesuchern in Richtung Altstadt entlassen.
Mittlerweile besitzt Tallinn auch eine Uferpromenade, die in wenigen Gehminuten von der Altstadt aus erreichbar ist und bis zum brandneuen Meeresmuseum führt. Und schließlich sind da die weiter entfernten Viertel Kadriorg und Pirita

Bild: Schloss Katharinental

Tallinn besitzt viele Gesichter: von den mittelalterlichen Gassen der Altstadt bis zu den gläsernen Palästen der City

mit dem Barockschloss Katharinental und dem Kunstmuseum KUMU sowie den stimmungsvollen mittelalterlichen Ruinen des Brigittenklosters.

Katharinental (Kadriorg) entstand in der Zeit, als Tallinn Teil des russischen Zarenreichs war. Während dieser Epoche folgte die russische Aristokratie den Mitgliedern der Zarenfamilie im Sommer nach Estland, wo sie für das standesgemäße Logis Palästchen und Datschen benötigte. In reizvoller Umgebung am Meer ließ die Hautevolee ihre Sommerhäuser errichten. Viele dieser Bauten sind noch erhalten und liebevoll restauriert worden. Die Sehenswürdigkeiten der Altstadt weisen noch tiefer in die Vergangenheit. Das Straßennetz stammt aus der Zeit der dänischen Herrschaft (1238–1346), die Gebäude wurden zum großen Teil in der nachfolgenden Epoche errichtet, die von deutschen Rittern und Kaufleuten geprägt war. Ihre Häuser können Sie heute noch sehen. Trotz der Fülle an Museen ist Tallinn nicht Hort und Heimat international bedeutender Kunstschätze.

TALLINN IM ÜBERBLICK

Die Karte zeigt die Einteilung der interessantesten Stadtviertel. Bei jedem Viertel finden Sie eine Detailkarte, in der alle beschriebenen Sehenswürdigkeiten mit einer Nummer verzeichnet sind

Vielmehr ist die Altstadt mit ihren kopfsteingepflasterten Gassen, den gotischen Türmen und barocken Bauten selbst ein Gesamtkunstwerk. Lassen Sie trotzdem die Stadtmauern auch mal hinter sich. Zum vollständigen Bild Tallinns gehören nämlich auch seine anderen Gesichter: das Streben nach Neuem und die – langsam verschwindenden – Zeugnisse der jüngeren Vergangenheit als unfreiwillige Kapitale einer Sowjetrepublik.

Außerhalb der fast vollständig restaurierten Altstadt werden Sie auch Straßenzüge sehen, in denen die sozialistische Ära wesentlich näher erscheint als die Konsumpaläste am Viru-Platz. Graue Fassaden und triste Hinterhöfe gibt es noch, und sie beweisen ebenso wie die Plattenbauten in Lasnamäe, dass der estnische Boom längst nicht die gesamte Bevölkerung erreicht hat. Das Stadtviertel Lasnamäe hatten die Sowjets östlich von Kadriorg für die arbeitende Bevölkerung bauen lassen. Am liebsten würde man es heute unverzüglich abtragen – allerdings wäre dann ein Viertel der Bevölkerung Tallinns ohne Wohnung.

Alt- und Innenstadt erobern Sie am besten und schnellsten zu Fuß. Parkplätze innerhalb der Stadtmauern sind nahezu unmöglich zu bekommen. Nach Pirita, Kadriorg sowie zu den an der Peripherie verstreuten Sehenswürdigkeiten kommen Sie unkompliziert und schnell mit öffentlichen Verkehrsmitteln, Sightseeing-Bussen oder mit dem Taxi.

www.marcopolo.de/tallinn

SEHENSWERTES

UNTERSTADT

Die von den Resten der Stadtmauer ein-
gefasste Unterstadt (All-linn) ist so klein,
dass Sie sie mühelos gleich mehrmals
am Tag durchqueren können. Zugleich
drängen sich hier die Sehenswürdigkeiten, sodass man doch nur langsam
vorankommt.

In vielen der uralten Häuser sind Museen
untergebracht – wie das Stadtmuseum
oder das Fotomuseum im alten Ratsgefängnis gleich hinterm Rathaus. Trotzdem wirkt die Altstadt nicht künstlich
oder gar tot; hier leben nach wie vor
Menschen, entweder seit Jahrzehnten
oder seit sie nach der Wende zu Geld
gekommen sind. Denn die restaurierten
Häuser sind heute teure Adressen, weshalb auch viele Ausländer hier wohnen.
An jeder Ecke befinden sich außerdem
Cafés, sodass Sie reichlich Gelegenheit
haben, sich auszuruhen und zu stärken.

■1 ADAMSON-ERIC-MUSEUM (ADAMSON-ERICU MUUSEUM)

(112 C3) (*∅ B4*)

Ein mittelalterliches Kaufmannshaus
am Fuß der Treppe *Kleines Bein (Lühike
jalg),* die auf den Domberg führt, ist
dem Werk eines der bedeutendsten estnischen Künstler des 20. Jhs. gewidmet.
Adamson-Eric (1902–68) wurde durch
seine Malerei im Stil der Neuen Sachlich-
keit sowie Kunsthandwerk und Design
bekannt, das dem Jugendstil verwandt
war. Seine Werke spiegeln das Ringen
seines Heimatlandes um Eigenständig-
keit wider. So war er einer der ersten
Künstler, die mit estnischen Feldsteinen
arbeiteten. Zu den Exponaten gehören
neben Adamson-Erics Palette und Staf-
felei auch Keramikarbeiten, Schmuckstücke sowie Bucheinbände. Gegenüber
vom Museum liegt das schnuckelige *Café
Matilda. Mi–So 11–18 Uhr | Eintritt 1,90
Euro | Lühike jalg 3 | www.ekm.ee/eng/
adamson.php*

MARCO POLO HIGHLIGHTS

★ Nikolaikirche
Sakrale Kunst in einem
wunderschönen, lichten
Bau aus dem 13. Jh.
→ S. 34

★ KUMU
Estlands Nationalgale-
rie in postmodernem
Gebäude → S. 46

★ Rathausplatz
Tallinns Treffpunkt
Nummer eins → S. 36

★ Aussichtsterrassen
Die schönsten Blicke
auf die Unterstadt
→ S. 39

★ Stadtmauer
Auf der mittelalterlichen
Mauer können Sie ein
Stück entlangflanieren
→ S. 36

★ Schloss Katharinental
Barock in Estland: Das
wunderschöne Schloss
bringt die Leichtigkeit
des Südens in den
Norden → S. 48

★ Rathaus
Prunkstück der Stadt:
das original aus dem
15. Jh. erhaltene Rat-
haus → S. 36

★ Brigittenkloster
So schön können
Kirchenruinen sein
– und so romantisch
→ S. 49

★ Domkirche
Eine der ältesten
Kirchen des Landes mit
vielen Zeugnissen aus
der Epoche der deut-
schen Ritter → S. 40

★ Lahemaa-Nationalpark
Ursprüngliche Land-
schaft voller Wiesen,
Wälder, Hochmoore
und Buchten → S. 52

UNTERSTADT

2 DOMINIKANERKLOSTER (DOMINIIKLASTE KLOOSTER)
(112 C3) (*m C3*)

Das 1246 in gotischem Stil errichtete Kloster ist einer der ältesten Bauten der Stadt und gehört zu den schönsten Beispielen mittelalterlicher Architektur in Nordeuropa. Außer dem Hof mit eindrucksvollen Steinmetzarbeiten ist auch die Klausur mit Schlafsaal, Refektorium, Bibliothek und Wohnung des Abts zu besichtigen. Alle Räume befinden sich im erstaunlich gut erhaltenen Ostflügel. Eingang von der Straße Müürivahe aus. *Klausur: Juni–Aug. Di–So 10–17 Uhr | Eintritt 6 Euro | Vene 16 | www.kloostri.ee | Müürivahe 33 | www.mauritanum.edu.ee*

3 ESTNISCHES HISTORISCHES MUSEUM (EESTI AJALOOMUUSEUM)
(112 C3) (*m B4*)

Im einstigen Haus der Großen Gilde, das zwischen 1407 und 1410 erbaut wurde, wird die Geschichte Estlands von der Frühzeit bis zum 18. Jh. erzählt. Die erläuternden Texte sind auf Englisch. Interessanter noch als die Ausstellung ist das Gebäude selbst, das zu den schönsten und ältesten der Stadt zählt. *Jan.–Aug. tgl. 10–18 Uhr, Sept.–Dez. Do–Di 10–18 Uhr | Eintritt 5 Euro | Pikk 17 | www.eam.ee*

4 ESTNISCHES MUSEUM FÜR ANGEWANDTE KUNST UND DESIGN (EESTI TARBEKUNSTI- JA DISAINMUUSEUM) ●
(112 C3) (*m B4*)

Hier wird die Geschichte des viel gerühmten estnischen Designs dargestellt. In einem dreistöckigen Kornspeicher aus dem späten 17. Jh. zeigt das Museum herausragende angewandte Kunst aus Estland seit Beginn des 20. Jhs. Zu seinen 15 000 Besitztümern zählen Textilien, Fotografien, Keramik, Schmuck und Porzellan sowie Objekte aus Holz und Leder. *Mi–So 11–18 Uhr | Eintritt 3,50 Euro | Lai 17 | www.etdm.ee*

5 ESTNISCHES SCHIFFFAHRTS- MUSEUM / DICKE MARGARETE (EESTI MEREMUUSEUM / PAKS MARGAREETA)
(112 C2) (*m C3*)

In einem Geschützturm aus dem 16. Jh. mit dem anschaulichen Namen *Dicke Margarete* ist heute das Estnische Schiff-

Dominikanerkloster: eins der schönsten Beispiele mittelalterlicher Architektur in Nordeuropa

www.marcopolo.de/tallinn

SEHENSWERTES

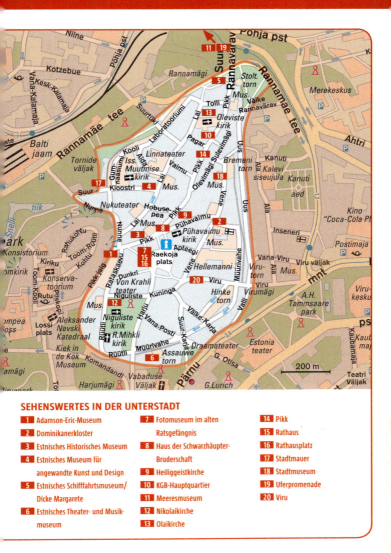

SEHENSWERTES IN DER UNTERSTADT

- **1** Adamson-Eric-Museum
- **2** Dominikanerkloster
- **3** Estnisches Historisches Museum
- **4** Estnisches Museum für angewandte Kunst und Design
- **5** Estnisches Schifffahrtsmuseum/ Dicke Margarete
- **6** Estnisches Theater- und Musikmuseum
- **7** Fotomuseum im alten Ratsgefängnis
- **8** Haus der Schwarzhäupter-Bruderschaft
- **9** Heiliggeistkirche
- **10** KGB-Hauptquartier
- **11** Meeresmuseum
- **12** Nikolaikirche
- **13** Olaikirche
- **14** Pikk
- **15** Rathaus
- **16** Rathausplatz
- **17** Stadtmauer
- **18** Stadtmuseum
- **19** Uferpromenade
- **20** Viru

fahrtsmuseum zu Hause. 25 m misst die Taille der Dicken Margarete, eines 20 m hohen Kanonenturms, der im 16. Jh. dem Großen Strandtor (Suur Rannavärav) zugefügt wurde, um die Stadt vor Angriffen vom Meer zu schützen. Tatsächlich ist dies der voluminöseste Stadtturm Tallinns. Im Lauf der Jahrhunderte wurde er nicht nur zur Verteidigung, sondern auch als Waffenarsenal und als

UNTERSTADT

Gefängnis genutzt. Heute sind auf vier Ebenen unterschiedliche Aspekte der Geschichte Estlands als Seefahrernation dargestellt: vom Schiffsbau über Häfen und Leuchttürme bis hin zu historischen Ankern. Vom ☀ Dach haben Sie einen schönen Blick auf die Altstadt und den (1883–1920). Zur Theaterabteilung gehören Programme, Entwürfe von Kostümen und Bühnenbildern, Plakate und Fotos. Außerdem besitzt das Museum eine kleine Kunstsammlung mit Grafiken und Karikaturen. *Mi–Sa 10–18 Uhr | Eintritt 2,88 Euro | Müürivahe 12 | www.tmm.ee*

Hinter dicken Mauern: Das Schifffahrtsmuseum ist in einem Geschützturm untergebracht

Hafen – wo das neue Meeresmuseum die größten Exponate des Museums präsentiert. *Mi–So 10–18 Uhr | Eintritt 3,20 Euro | Pikk 70 | www.meremuuseum.ee*

6 ESTNISCHES THEATER- UND MUSIKMUSEUM (EESTI TEATRI- JA MUUSIKAMUUSEUM)
(112 C4) (*B4*)

Archaische estnische Saiteninstrumente, antike Orgeln, Cembali und Klaviere sind in dem mittelalterlichen Turm und dem benachbarten Gebäude ebenso ausgestellt wie Dokumente über estnische Musiker und Dirigenten sowie die Noten- und Musikliteratursammlung des estnischen Komponisten Peeter Süda

7 FOTOMUSEUM IM ALTEN RATSGEFÄNGNIS (FOTOMUUSEUM)
(112 C3) (*B4*)

Die Ausstellung dokumentiert anhand alter Kameras, Fotografien und einer nachgebauten Dunkelkammer die Geschichte der estnischen Fotografie von 1840 bis 1940. Interessant ist auch das Gebäude aus dem 15. Jh. gleich hinterm Rathaus, das früher als Gefängnis diente. Obwohl es oft restauriert wurde, ist der Grundriss des alten Karzers erhalten geblieben. *März–Okt. Do–Di 10.30–18 Uhr, Nov.–Feb. Do–Di 10.30–17 Uhr | Eintritt 1,92 Euro, jeder letzte Fr im Monat frei | Raekoja 4/6 | www.linnamuuseum.ee/fotomuuseum*

SEHENSWERTES

8 HAUS DER SCHWARZHÄUPTER-BRÜDERSCHAFT (MUSTPEADE MAJA) (112 C3) (*ett B4*)

Die jungen, ledigen Kaufmänner der Stadt, die noch nicht in die Große Gilde aufgenommen worden waren, organisierten sich ab 1399 in der Brüderschaft der Schwarzhäupter, die nur in den baltischen Staaten bestand. Zu ihren Aufgaben gehörte es, Stadtfeste zu organisieren und bei Bedarf die Stadt zu verteidigen. In ihrer Lebensführung sollten die Mitglieder ritterliche Ideale pflegen. In diesem Renaissancehaus – eines der wenigen erhaltenen Beispiele für diesen Baustil in Tallinn – wohnten ihre Mitglieder ab dem 16. Jh. Sie nahmen auch Kollegen aus dem Ausland auf, die auf Handelsreisen eine Unterkunft benötigten. Heute dient der zweischiffige Gildensaal vor allem als stimmungsvoller Spielort für Konzerte. *Tgl. 10–19 Uhr, bei Konzerten keine Besichtigung möglich | Eintritt frei | Pikk 26 | www.mustpeademaja.ee*

9 HEILIGGEISTKIRCHE (PÜHAVAIMU KIRIK) (112 C3) (*ett B4*)

Ihr Barockturm gehört zu den meistfotografierten Türmen der Stadt. Historisch ist die Kirche von Bedeutung, weil hier nach der Reformation zum ersten Mal die Messe in estnischer Sprache gelesen wurde, architektonisch sind die barocken geschnitzten Bänke und die älteste Kanzel der Stadt im Renaissancestil herausragend. Der Hauptaltar stammt vom Lübecker Maler und Holzschnitzer Bernt Notke. *Okt.–April Mo–Sa 10–15 Uhr, Mai–Sept. Mo–Sa 9–17 Uhr | So 15 Uhr Gottesdienst in englischer Sprache, Mo 18 Uhr klassische Konzerte | Eintritt 1 Euro | Pühavaimu 2*

10 INSIDER TIPP KGB-HAUPTQUARTIER (112 C3) (*ett C3*)

An der Ecke der Straßen Pagari und Pikk sehen Sie das Gebäude, in dem früher der sowjetische Geheimdienst KGB heimisch war. Der KGB soll die Turmspitze

RICHTIG FIT

Jogger haben in Tallinn viele schöne Strecken zur Auswahl. Am Meer entlang führt der sogenannte Kultur-Kilometer, die neue Uferpromenade **(112 C1)** **(*ett B–C2)**. Ideal sind auch die Uferstraße *Pirita Tee* in Pirita **(115 D–E2)** **(*ett G–H 1–3)**, das *Estnische Freilichtmuseum* **(0)**(*ett 0*) und der *Glehni Park* in Nõmme **(0)**(*ett 0*). Überhaupt ist der Stadtteil Nõmme eine gute Adresse für Sportbegeisterte. Hier gibt es den *Nõmme Adventure Park* mit Kletterparcours für Kinder und Erwachsene *(Külmalikka 15a | Tel. 56 15 91 60 | www. nomme seikluspark.ee)* sowie – im Winter – die Mustamäe-Skisprungschanze

und Skilanglaufstrecke des *Nõmme Sport Centre (Külmallika 15 a | Tel. 6 71 85 41 | www.sportkeskus.ee)*. Wer Tallinn und Umgebung sportlich mit dem Fahrrad erobern möchte, kann bei *City Bike* in der Altstadt ein Fahrrad mieten *(siehe S. 104)*. Drei- bis vierstündige Kayaktouren in der Bucht von Tallinn bietet *360 Degrees* an *(Mi 18, Sa 13 Uhr | 30 Euro | Anmeldung unter Tel. 56 22 29 96 | www.360.ee)*. Und Golfer finden im östlich von Tallinn am Meer gelegenen *Estonian Golf & Country Club* einen 18-Loch-Platz in schönster Landschaft **(117 D4)** (*ett 0*) *(Manniva, Jõeläthme | Tel. 6 02 52 90 | www.egcc.ee)*.

UNTERSTADT

der nahe gelegenen Olaikirche als Antenne für Funkübermittlungen genutzt haben. Obwohl die Esten bei der Entfernung städtebaulicher Erinnerungen an die Besatzer ziemlich gründlich vorgegangen sind und es nicht mehr viele Spuren der sowjetischen Vergangenheit im Stadtbild gibt, ist dieses Gebäude – früher das meistgefürchtete der Stadt – stehen geblieben. Es wird heute als Wohn- und Geschäftshaus genutzt. Nur die zugemauerten Kellerfenster und ein Schild in estnischer Sprache erinnern noch daran, dass hier für zahlreiche Esten der Weg ins sibirische Straflager begann. Übersetzt heißt es: „In diesem Gebäude war der Unterdrückungsapparat der sowjetischen Besatzungsmacht zu Hause. Hier begann der Leidensweg Tausender Esten."

11 ■ MEERESMUSEUM ●
(112 C1) (*ΩΩ* B2)

Das neue Meeresmuseum im alten Wasserflughafen sollte eigentlich zum Kulturhauptstadtjahr 2011 als Endpunkt der neuen Uferpromenade fertiggestellt werden, wurde aber dann erst 2012 eröffnet. Es versammelt zum einen die

museale Flotte, zu der das 1936 gebaute U-Boot *Lembit* oder der älteste funktionierende dampfbetriebene Eisbrecher der Welt zählt. *Suur Töll* lief 1914 vom Stapel. Zum anderen erwarten Besucher in den 100 Jahre alten, rekonstruierten Hangars auf drei Ebenen mit insgesamt 6500 m² Fläche zahlreiche interaktive Angebote. *Mai–Sept. tgl. 10–19, Okt.–Dez. Di–So 11–19 Uhr | Eintritt 4–10 Euro | Küti 15A/17 | www.meremuuseum.ee*

12 ■ NIKOLAIKIRCHE (NIGULISTE KIRIK) ★ (112 C4) (*ΩΩ* B4)

Ab 1230 sollen deutsche Kaufleute und Handwerker diese Kirche als ihre geistliche Heimat in Reval errichtet haben. Bis Tallinn im 14. Jh. durch die Stadtmauer gesichert wurde, hatte sie auch die Funktion eines solide befestigten Rückzugsorts bei Belagerungen. Bei dem schweren Bombenangriff der Sowjets im März 1944 nahm die Kirche großen Schaden. 1984 wurde sie in ein Museum umgewandelt. Der wunderschön restaurierte, gotische Bau geht aufs 15. Jh. zurück und beherbergt eine außergewöhnliche Sammlung sakraler mittelalterlicher Kunst, darunter Schnitzarbeiten wie der

FLORA TALLINN

Das Herz der Esten schlägt traditionell für den Skilanglauf, bei dem sie ihr Können immer wieder unter Beweis gestellt haben. Zunehmend begeistern sie sich aber auch für den Fußball. Wenn Sie also sehen wollen, wie besonnene Esten in (maßvolle) Wallung geraten, besorgen Sie sich Tickets ab 3 Euro für ein Spiel des Erstligisten *Flora Tallinn* (Tel. 6 27 99 40 | www.fcflora.ee) in der *A. Le Coq Arena (2 km südlich des*

Zentrums zwischen den Straßen Kotka und Tehnika | Asula 4c | Oberleitungsbusse 3, 4 bis Vineeri, Busse 23, 23a bis Kotka, 5, 18, 20, 20a, 28, 32, 36 bis Tallinn-Väike). In diesem nach einer estnischen Brauerei benannten Hauptstadtstadion läuft auch die Nationalmannschaft auf. Diese Partien sind wesentlich spannender, da ein kleines Land wie Estland naturgemäß nur eine ziemlich überschaubare Fußballliga besitzt.

www.marcopolo.de/tallinn

SEHENSWERTES

Hochaltar aus dem Spätmittelalter und ein Altarbild des Lübecker Meisters Hermen Rode sowie das Gemälde „Totentanz" des Lübecker Kollegen Bernt Notke aus dem 15. Jh. Darauf sind irdischen Würdenträgern vom Prediger bis zum Papst und vom Kardinal bis zum Kaiser jeweils Skelette zur Seite gestellt – denn aller Pomp vergeht, und jedes Leben ist endlich. Außergewöhnlich ist auch der Marienaltar der Schwarzbrüderschaft. Die Kirche dient auch als stimmungsvoller Saal für Orgel- und Chorkonzerte *(Sa und So 16 Uhr)*. *Mi–So 10–17 Uhr | Eintritt 3,20 Euro | Niguliste 3*

13 OLAIKIRCHE (OLEVISTE KIRIK)
(112 C 2–3) (*C3*)

Tallinns Wahrzeichen ist 124 m hoch. Erstmals erwähnt wurde die Olaikirche im Jahr 1267. Um 1500 galt sie als höchstes Gebäude der Welt – damals maß ihr grüner Turm allerdings noch stolze 159 m. Weil sie mehrmals Bränden zum Opfer fiel, musste sie im Lauf der Zeit immer wieder neu gebaut werden, was auch Höhenmeter kostete. Im Sommer (April–Okt.) können Sie auf den Turm klettern und INSIDERTIPP eine der schönsten Aussichten der Stadt genießen. Das Interieur stammt aus dem 19. Jh. *April–Juni und Sept./Okt. tgl. 10–18 Uhr, Juli/Aug. tgl. 10–20 Uhr, Nov.–März Di–Fr 10–14 Uhr | Turmbesteigung 2 Euro | Pikk 48 | www.oleviste.ee*

14 PIKK (112 C 2–3) (*B–C 3–4*)

Zwar ist jede Straße der Altstadt sehenswert, doch hier ist eine Fassade schöner als die andere: Angefangen mit den Häusern der Großen Gilde und der Bruderschaft der Schwarzhäupter und der Olaikirche gegenüber, können Sie ganz langsam in Richtung Stadtmauer flanieren. Auf der rechten Seite sehen Sie INSIDERTIPP reich verzierte Jugendstilfassaden. In vielen Gebäuden sind nette kleine Geschäfte untergebracht. Je weiter Sie sich vom Zentrum entfernen, desto ruhiger wird es auf der Pikk. Das Gebäudeensemble der *Drei Schwestern (Kolm Õde)* kurz vor der Stadtmauer ist

Pikk: ein Haus schöner als das andere

der Glanz- und Schlusspunkt der Pikk. Die drei eng aneinandergeschmiegten, sehr ähnlichen Gebäude (deshalb *Drei Schwestern*) aus dem 15. Jh. dienten mit ihren Luken und Lastenaufzügen als Speicherhäuser und Wohnraum für die Kaufleute. Am auffallendsten ist das Eckhaus mit seinem verzierten Giebel und den Barockschnitzereien an der Tür. Heute ist

UNTERSTADT

in den *Drei Schwestern* ein gleichnamiges Fünf-Sterne-Hotel untergebracht. Auf Höhe der *Dicken Margarete* können Sie auf den ❊ Wall der alten Befestigung steigen – schöner Blick auf den Hafen.

15 RATHAUS (RAEKOJA) ★
(112 C3) (𝑚 B4)
Das einzige vollständig erhaltene gotische Rathaus in Nordeuropa ist Prunkstück und Stolz der Stadt. 1322 wurde es erstmals erwähnt, sein heutiges Gesicht erhielt es zu Beginn des 15. Jhs. Der Keller wird für Wechselausstellungen, ein Saal in der zweiten Etage für Konzerte und Empfänge genutzt. Unterm achteckigen Turm befindet sich eine ❊ Aussichtsplattform. Seit 1530 ziert der *Alte Thomas*

LOW BUDGET

▶ Unbedingt lohnend ist der Kauf einer Tallinn Card, mit der Sie gratis in 40 Museen und Sehenswürdigkeiten kommen und öffentliche Verkehrsmittel sowie diverse Besichtigungstouren unentgeltlich nutzen können. Zudem gibt es Preisnachlässe in Restaurants und Geschäften. Die Tallinn Card erhalten Sie an Bahnhof und Flughafen, in den Tourismusbüros und vielen Hotels. Sie gilt 6 Stunden (12 Euro), 24 Stunden (24 Euro), 48 (28 Euro) oder 72 Stunden (32 Euro). www.tallinncard.ee

▶ ● Eine zweistündige kostenlose Stadttour von englischsprachigen Nachwuchs-Guides (Trinkgeld wird gern genommen!) gibt's bei *Tallinn Traveller Tours* (tgl. 12 Uhr ab Tourismusbüro Ecke Harju/Niguliste | Tel. 58 37 48 00 | www.traveller.ee).

(Vana Toomas), der Stadtknecht Tallinns, die goldene Wetterfahne der Turmspitze. Einer Legende zufolge erzürnte Thomas bei einem Schützenwettbewerb die teilnehmenden Respektspersonen, indem er uneingeladen den Vogel abschoss. Tallinns Bürgermeister lobte den Jungen jedoch und ließ ihn zum Stadtwächter ausbilden. In dieser Funktion erwarb er hohes Ansehen. Eine Kopie des *Alten Thomas* sehen Sie im Stadtmuseum. *Turm: Juni–Aug. tgl. 11–18 Uhr | Eintritt 3 Euro | Rathaus: Juli–Aug. Mo–Sa 10–16 Uhr | Eintritt 4 Euro | Raekoja plats 1*

16 RATHAUSPLATZ (RAEKOJA PLATS)
★ ● (112 C3) (𝑚 B4)
Seit 800 Jahren ist der mittelalterliche Marktplatz das Herz der Stadt, wenn nicht des ganzen Landes. Ihn säumen einige der schönsten gotischen Fassaden Tallinns. Mit seinen Kneipen und Cafés ist er bis heute zentraler Treffpunkt. Hier finden auch Wochen- und Weihnachtsmärkte statt. Mit über 600 Jahren ist die *Ratsapotheke (Raeapteek)* eine der dienstältesten Apotheken der Welt. Sie wurde 1422 erstmals urkundlich erwähnt, hatte damals schon den dritten Besitzer und ist seither in Betrieb. Eine winzige ● Ausstellung mit altertümlichen Arzneien und Tinkturen zollt diesem Erbe Tribut *(Di–Sa 10–18 Uhr | Eintritt frei)*. Vor der Apotheke ist der Buchstabe „L" ins Kopfsteinpflaster eingelassen. Er erinnert an einen Vorfall im 17. Jh., als ein Priester in einem Gasthaus Pfannkuchen zurückgehen ließ. Als die Kellnerin die dritten ledrigen Eierkuchen brachte, griff er zur Axt und erschlug sie. Dafür wurde er enthauptet – angeblich an dieser Stelle.

17 STADTMAUER (LINNAMÜÜR) ★
(112 C3) (𝑚 B–C 3–4)
3 m dick, 16 m hoch, 4 km lang und mit 46 Wehrtürmen gespickt: Tallinns

SEHENSWERTES

Stadtmauer war ab dem 16. Jh. eine der stärksten Befestigungen in Nordeuropa. 26 Türme und 2 km Mauer sind erhalten; die drei Türme Nunna, Sauna und Kuldaja können Sie erklimmen und über einen kurzen, überdachten Abschnitt der Mauer ins gefühlte Mittelalter spazieren. darauf verzeichnet. Im Parterre zeigt ein Modell, wie Tallinn 1825 aussah – als die Stadtmauer noch intakt und von einem tiefen Graben umschlossen war. Im Wesentlichen eignet es sich noch heute zur Orientierung, wie auch eine Luftaufnahme aus dem Jahr 2000 beweist. Nur die

Mittelalterliche Stadtmauer: Heute sind noch 26 Türme und 2 km Mauer erhalten

Juni–Aug. Mo–Fr 11–19, Sa und So 11–16 Uhr, April, Mai, Sept./Okt. Mo–Mi, Fr 11–19, Sa und So 11–16 Uhr, Nov.–März Mo–Di, Fr–So 11–16 Uhr | Eintritt 1,30 Euro | Ecke Suur-Kloostri/Väike-Kloostri

18 STADTMUSEUM (LINNAMUUSEUM) ●
(112 C3) (*C4*)

Die umfassendste und anschaulichste Dokumentation der Geschichte Tallinns finden Sie in diesem Gebäude, das bis aufs 14. Jh. zurückgeht. Ein gewisser Gerhard Witte wurde 1363 als Besitzer des Grundstücks mit verschiedenen Lagerräumen Bäume sind weniger geworden – und die Stadt hat sich auch jenseits ihrer Mauern massiv ausgebreitet. Eine Fülle von Exponaten erläutert den Weg Tallinns von der Festung, die Hafen und Marktplatz des 10. Jhs. schützte, über die dänischen Jahrzehnte, die deutsch geprägte Epoche der Hanse und des Livländischen Ordens bis hin zur schwedischen und russischen Herrschaft. Die oberste Etage ist der kurzen Zeit der ersten unabhängigen Republik sowie der deutschen und sowjetischen Besatzung gewidmet. Hier befindet sich auch ein winziges Café. *März–Okt. Mi–Mo 10–18 Uhr, Nov.–Feb. Mi–Mo 10–17*

36 | 37

OBERSTADT/DOMBERG

Uhr | Eintritt 3,20 Euro | Vene 17 | www.linnamuuseum.ee

19 UFERPROMENADE ●
(112 C1) (*B–C 2*)
Über etwas mehr als einen Kilometer erstreckt sich die neue Uferpromenade. Sie entstand zum Kulturhauptstadtjahr 2011 und führt kaum mehr als einen Steinwurf von der Stadtmauer entfernt am Meer entlang: ein schöner Spazierweg fern vom Trubel der Altstadt. Die Promenade, stolz der „kulturelle Kilometer" genannt, endet am Meeresmuseum, einer neuen Filiale des Schiffahrtsmuseums, das in den Hangars des ehemaligen Wasserflughafens Tallinns Verbindung zum Ozean interaktiv darstellt und erklärt.

20 VIRU (112 C–D 4) (*B–C 4*)
Tallinns Haupteinkaufsstraße beginnt unterhalb des Rathausplatzes und führt, gesäumt von Souvenirläden, Boutiquen, Kneipen und Cafés, bis zur Stadtmauer. Dort geht es links ab zum Wollmarkt im Schatten der alten Befestigungsanlage. Die beiden Viru-Türme, die das im 14. Jh. errichtete (aber längst zerstörte) Viru-Tor einfassten, bieten vor dem Hintergrund der Fußgängerzone ein INSIDER TIPP sehr dekoratives Fotomotiv und zieren viele Postkarten. Jenseits der Stadtmauer liegt der Viru-Platz, einer der Hauptverkehrsknotenpunkte der City.

OBERSTADT/ DOMBERG

Auf dem Domberg *(Toompea)* lebte früher die religiöse und politische Elite, während die Wirtschaftsmacht der Kaufleute die Unterstadt beherrschte.

Mit dem estnischen Parlament und einigen Botschaften sind hier noch immer weltliche Würdenträger ansässig: Die Residenz des deutschen Botschafters befindet sich hier ebenso wie die Vertretungen Finnlands, Portugals, Kanadas und der Niederlande; Privatpersonen leben hier nur wenige. Vor allem ist die Oberstadt in der Hand von Besuchern, bietet sie doch neben interessanten Bauten auch wunderschöne Blicke auf Altstadt, Neustadt, den Hafen und die Tallinner Bucht.

1 ALEXANDER-NEWSKI-KATHEDRALE (ALEKSANDER NEVSKI KATEDRAAL) ● (112 B4) (*B4*)
Mit seinen zierlichen Kuppeln auf dem imposanten weiß-orange-farbenen Bau ist das Gotteshaus der russisch-orthodoxen Gemeinde Tallinns eines der meistfo-

Alexander-Newski-Kathedrale: von zierlichen Kuppeln gekrönt

www.marcopolo.de/tallinn

SEHENSWERTES

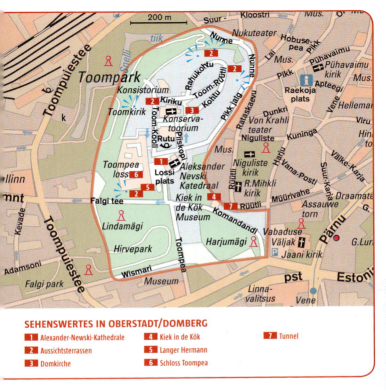

SEHENSWERTES IN OBERSTADT/DOMBERG
1 Alexander-Newski-Kathedrale
2 Aussichtsterrassen
3 Domkirche
4 Kiek in de Kök
5 Langer Hermann
6 Schloss Toompea
7 Tunnel

tografierten Gebäude der Stadt. Gebaut wurde die Kathedrale zwischen 1894 und 1900 auf Geheiß des Zaren Alexander III. als ein Symbol der russischen Herrschaft. Architekt war Mikhail Preobrazhenski aus St. Petersburg. Ihren Namen verdankt die Kathedrale dem Großfürsten, russischen Nationalhelden und Heiligen der orthodoxen Kirche, der im 13. Jh. auf dem (zugefrorenen) Peipus-See in Südostestland deutsche und dänische Kreuzritter und ihre estnischen Verbündeten schlug. Sehenswert sind die Ikonen im Inneren, interessant ist der Einblick in den orthodoxen Glauben. Das Kirchenschiff ist mit Weihrauch gefüllt, die Gläubigen absolvieren den Gottesdienst stehend und unter vielfachem Bekreuzigen. Eine der insgesamt elf Glocken soll mit einem Gewicht von mehr als 15 t die größte in Estland sein. *Tgl. 8–19 Uhr, Gottesdienste tgl. 8.30 und 17 Uhr | Lossi plats 10*

2 AUSSICHTSTERRASSEN ★ ● ☼
(112 B3, B4, C3) (*B4*)
Die frei zugänglichen Terrassen *Kohtuotsa Vaateplats* und *Patkuli i repp ja Vaateplats* werden Ihre Erinnerung an Tallinn prägen: Die Aussicht über die roten Ziegeldächer der Unterstadt vor dem Meer in der Ferne ist traumhaft. Deshalb kommen nicht nur die Touristen, sondern

38 | 39

OBERSTADT/DOMBERG

auch junge und ältere Pärchen, um den Ausblick zu genießen. Es gibt noch zwei weitere Aussichtsterrassen, die allerdings weniger spektakulär liegen: Eine weist zum Gleisgewirr des Bahnhofs, die andere liegt neben dem Schloss Toompea und bietet Aussicht über ein Fußballfeld und die dahinterliegenden Wohngebiete. Dennoch lohnt es sich, hierher ebenso wie in jede Gasse des Dombergs zu schauen. Denn überall werden Sie neue Perspektiven auf die Kuppeln der Alexander-Newski-Kathedrale, den Turm der Domkirche und die uralten Häuschen dazwischen entdecken.

3 DOMKIRCHE (TOOMKIRIK) ★
(112 B3–4) (*M B4*)

Die lutherische Domkirche ist eine von drei noch bestehenden Kirchen aus dem Mittelalter in Estland und somit eine der ältesten im ganzen Land. Im 13. Jh.

wurde hier für die deutschen Ritter die Messe gelesen. Die gotische Fassade stammt aus dem 14. Jh., der Turm aus dem Barock. Einige der Kapellen wurden noch später hinzugefügt. Sehenswert sind die ebenfalls barocke Kanzel und die Grabmäler mit lebensgroßen Figuren der Toten – darunter viele Angehörige des deutschbaltischen Adels – und ihren Wappenschilden. Unter anderem liegen hier eine Tochter des schwedischen Monarchen Johann III. sowie Admiral Samuel Greigh, ein Liebhaber von Katharina der Großen, begraben. ● Jeden Samstag gibt es um 12 Uhr kostenlose Orgelkonzerte. *Di–So 9–18 Uhr, Gottesdienste So 10 Uhr | Toomkooli 6*

4 KIEK IN DE KÖK (112 B4) (*M B4*)

Neun Kugeln in den Wänden des 45 m hohen Kanonenturms (1475 bis 1481 erbaut) beweisen, dass ihm eine zentrale

ENTSPANNEN & GENIESSEN

Strände liegen an der *Kopli-Bucht* **(116 B4)** *(M O)* im noch nicht besonders herausgeputzten Westen der Stadt – und in *Pirita* **(117 D4)** *(M G 2–3)*, das mit knapp 3 km Sandstrand im Sommer das favorisierte Ziel der ganz jungen, partyfreudigen Tallinner ist *(Buslinie 1, 1A, 8, 34A oder 38 ab Viru keskus, Fahrzeit etwa 15 Minuten)*. Wenn Sie Natur und Ruhe suchen, fahren Sie lieber noch ein Stückchen weiter in Richtung Nordosten zur ● Halbinsel *Viimsi* **(117 D3–4)** *(M O)* *(Buslinie 1A ab Viru keskus | Fahrzeit knapp 30 Min.)*. Falls das Wetter nicht mitspielt, können Sie ins *Viimsi Spa* ausweichen – mit Meerwasserschwimmbad, Thalasso-Spa und günstigen Anwendungen

(Thaimassage ab 10 Euro | Tageskarte 7 Euro | Randvere tee 11 | Tel. 6 06 11 60 | www.viimsispa.ee). Relativ nahe am Zentrum liegt der viel besuchte Strand *Stromi* **(116 C4)** *(M O)* *(Buslinie 40 ab Viru keskus bis Haltestelle Supelranna)* mit Café und Sonnenstühlen. Das Wasser ist allerdings nicht so sauber wie weiter draußen. Wer in der Stadt Erholung sucht, bucht eine Massage oder Schönheitsbehandlung im ● *Kalev Spa* **(112 C3)** *(M C4)* *(Aia 18 | Tel. 6 49 33 00 | www.kalevspa.ee)* oder schwitzt in einer ● typisch estnischen holzbeheizten Sauna mit Kaltwasserbecken wie *Kalma* **(112 B2)** *(M B3)* *(Sauna 6,50–9 Euro | Vana-Kalamaja 9A | Tel. 6 27 18 11 | www.kalmasaun.ee)*.

SEHENSWERTES

Rolle bei der Verteidigung der Stadt zukam. Heute dient der Turm als Museum zur Geschichte der Befestigung und Verteidigung Tallinns. Der niederdeutsche Name soll sich der Tatsache verdanken, dass man vom Turm aus in die Küchen der umstehenden, tiefer gelegenen Häuser schauen konnte. *März–Okt. Di–So 10.30–17.30 Uhr, Nov.–Feb. Di–So 20.30–16.30 Uhr | Eintritt 4,47 Euro | Komandandi tee 2 | www.linnamuuseum.ee*

5 LANGER HERMANN (PIKK HERMANN) (112 B4) (*B 4–5*)

Der 48 m hohe *Lange Hermann* ist der schwere Eckturm der im 13. und 14. Jh. errichteten Burg. Sein Name stammt aus der mittelalterlichen Hermann-Sage. Auf seiner Spitze weht heute stolz die estnische Nationalflagge. Trotz ihrer Wehrhaftigkeit wurde die Burg – und damit Tallinn – im Lauf der Jahrhunderte verschiedentlich erobert. Insgesamt sind nur noch einige Mauern und Türme von der Burg erhalten geblieben. Zu besichtigen ist sie nur von außen.

6 SCHLOSS TOOMPEA (TOOMPEA LOSS) (112 B4) (*B4*)

Seit 700 Jahren residieren an dieser Stelle die Herrschenden – zuerst die Esten

Domkirche: An den Wänden hängen geschnitzte Wappenschilde deutschbaltischer Adliger

in einer hölzernen Festung, die im Jahr 1219 von einfallenden Dänen eingenommen wurde. Das am Rand des Dombergs unmittelbar vor der Burg an einem 50 m hohen Steilhang gelegene Schloss zählt zu den ältesten Gebäuden Estlands. Der pinkfarbene Barockbau stammt aus dem 13.–14. Jh. und war seither Symbol der Macht. Heute hat darin das estnische Parlament *(Riigikogu)* seinen Sitz. *Mo–Fr 10–16 Uhr | Führungen nach Voranmeldung unter Tel. 6 31 63 45 | Lossi plats 1*

7 INSIDER TIPP TUNNEL (BASTIONIDE KÄIGUD) (112 B4) (*B4*)

Jahrhundertelang besagte ein Lieblingsgerücht der Hauptstadtbewohner, dass

40 | 41

NEUSTADT

sich unter dem Domberg ein ganzes System geheimer Gänge befinden soll. Mittlerweile sind die Tunnel Tatsache und sogar zu besichtigen – allerdings nur im Rahmen geführter Touren. Im 17. Jh. wurden sie als Schutz vor Angreifern angelegt, 2003 bei Bauarbeiten wieder entdeckt. Einige waren allerdings nie ganz vergessen und dienten noch im Zweiten Weltkrieg als Bunker. *Di–Fr und So nach Vereinbarung | Ticket 5,75 Euro | ab Museum Kiek in de Kök | Tel. 6 44 66 86*

NEUSTADT

Sobald Sie die mittelalterlichen Stadtmauern hinter sich gelassen haben, sehen Sie die beiden höchst unterschiedlichen Pole, zwischen denen Tallinn sich heute bewegt.

Die Vergangenheit manifestiert sich (noch) in blätterndem Putz, vereinzelten baufälligen Gebäuden und trister Sowjetarchitektur. Der brennende Ehrgeiz der Gegenwart spiegelt sich hingegen in glitzernden Konsumtempeln und neuen Hotel- und Bürotürmen, die nach den Sternen greifen – oder zumindest bis knapp zum Himmel reichen.

In den gläsernen Palästen haben die erfolgreichen jungen Tallinner schicke Apartments bezogen, hier verbringen sie die Abende in Lieblingsrestaurants und Fitnessstudios, und dazwischen sieht man sie umhereilen, das Handy am Ohr und die Armani-Tüte an der Hand. Aber auch ganz normale Leute leben in den älteren Häusern der City, die bis zur Mitte des 20. Jhs. entstanden sind. Hier können Sie den Alltag der estnischen Hauptstadt am besten beobachten: Kleine Supermärkte und Kramläden gehören ebenso dazu wie der Shopping-Traum des Viru Centre.

1 ARMENHAUS DES HEILIGEN JOHANNES DES TÄUFERS (JAANI SEEK) (113 E4) (*D5*)

In der Nähe des SAS Radisson Hotels versteckt sich dieses Museum, dessen Vorläuferbauten von 1237 bis in die 1960er-Jahre als wichtigstes Armenhaus der Stadt fungierten. Im Mittelalter gehörten ein Krankenhaus für Leprakranke, eine Kapelle und eine Wassermühle zur Anlage. Mit Stall, Schmiede und Sauna war das Armenhaus bis zum Livländischen Krieg im 16. Jh. ein großer autarker Komplex außerhalb der Stadtmauern. Nach dem Krieg wurde es wieder aufgebaut, erlangte aber nicht mehr dieselbe Größe und Bedeutung als soziale Einrichtung Tallinns. Heute wird in diesem neuesten Teil des Stadtmuseums die Geschichte des Hauses und des umliegenden Viertels Kivisilla – früher eine Vorstadt – multimedial und anhand

SEHENSWERTES

Jenseits der Stadtmauer: geschäftiges Treiben im Viru Shopping Centre

archäologischer Funde aufbereitet. *15. Mai–30. Sept. Mi–So 10.30–15 Uhr | Eintritt 1,28 Euro | Väike-Pääsukese | www.linnamuusum.ee/jaaniseek*

2 FREIHEITSPLATZ (VABADUSE VÄLJAK) (112 C4) (*B5*)

Um Tallinns größten, gleich unterhalb des Dombergs gelegenen Platz gruppieren sich Hotels, Geschäfte wie *Nu Nordik*, das Haus des estnischen Designs, und die Kunsthalle. Hier befindet sich auch die 1862 errichtete *Johanniskirche (Jaani Kirik | Di, Do, Fr 10–14, Mi 10–18 Uhr)*. Der einstige Parkplatz gehört nun ganz den Fußgängern und ist nicht nur Standort diverser Cafés (und In-Adressen wie *Café Freedom*), sondern auch Heimat des 2009 enthüllten Freiheitsmonuments. Seine Form erinnert an das Kreuz der Freiheit, mit denen jene Helden geehrt wurden, die Estland 1920 auf den Weg zur Unabhängigkeit brachten. Bei Nacht wird das 26 m hohe, aus tschechischem Glas gefertigte Denkmal effektvoll beleuchtet.

3 INSIDER TIPP KGB-MUSEUM IM HOTEL VIRU (113 D3) (*C4*)

In sowjetischen Tagen munkelte man, das einzige von Ausländern (nämlich Finnen) geführte Hotel der Stadt sei komplett verwanzt. Das kleine Museum, das die Spionagegeschichte inklusive zurückgelassener Zigarettenkippen darstellt, informiert nebenbei auch über die Eigenheiten sowjetischer Hotellerie – nicht gerade eine Sternstunde des Gastgewerbes. *Englischsprachige Führung Mai–Sept. tgl. 11.30 Uhr, Nov./Dez. Di–So 11.30 Uhr, Jan.–April Sa, So 11.30 Uhr | Ticket (nur mit Führung) 7 Euro | Anmeldung erforderlich | Viru väljak 4 | Tel. 6 80 93 00 | www.viru.ee*

42 | 43

NEUSTADT

4 KUNSTHALLE (TALLINNA KUNSTIHOONE) (112 C4) (*m* B5)

In diesem Gebäude aus den 1930er-Jahren wird zeitgenössische Kunst aus dem In- und Ausland ausgestellt. Gleich nebenan befindet sich noch die kleine INSIDER TIPP *Art Hall Gallery*, die ebenfalls wechselnde Ausstellungen vor allem estnischer Künstler zeigt. Hier wie dort gilt: je avantgardistischer, desto besser. *Beide Mi–So 12–18 Uhr | Eintritt Kunsthalle: 2,50 Euro, Art Hall Gallery: Eintritt frei | Vabaduse väljak 8 | www.kunstihoone.ee*

5 OKKUPATIONSMUSEUM (OKUPATSIOONIDE MUUSEUM) (112 B5) (*m* B5)

Das 2004 in einem gläsernen Kasten am Fuß des Dombergs eröffnete Museum soll Esten helfen, den Konflikt zwischen sowjetischer Propaganda und erlebter Wirklichkeit aufzulösen – und die Geschichte der drei Besatzungszeiten Estlands im 20. Jh. für die später Geborenen zu bewahren. Die Epochen der deutschen (1941 bis 1944) und der sowjetischen Besetzungen (1940–41 und 1944–91) werden durch eine Fülle von Dokumenten, Filmen, Interviews und Objekten veranschaulicht: vom hölzernen Fluchtboot aus dem Zweiten Weltkrieg, das Menschen von der Insel Hiiuuma nach Gotland in Schweden brachte, über Propagandaplakate bis hin zu steinernen Büsten Lenins und Stalins, die wohl nicht ganz zufällig vor den Toiletten im Keller stehen. *Juni–Aug. Di–So 10–18 Uhr, Sept.–Mai Di–So 11–18 Uhr | Eintritt 2 Euro | Toompea 8 | www.okupatsioon.ee*

6 SYNAGOGE (SÜNAGOOG) (113 E3) (*m* D4)

Die ursprüngliche, 1885 errichtete Tallinner Synagoge wurde bei jenem verheerenden Bombenangriff der sowjetischen Luftwaffe zerstört, dem am 9. März 1944 53 Prozent der Häuser der Stadt zum Opfer fielen. Zu diesem Zeitpunkt war Estland bereits für „judenfrei" erklärt worden. Die neue, 2007 eröffnete Synagoge ist die einzige im Land – die

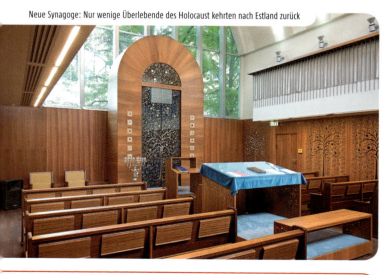

Neue Synagoge: Nur wenige Überlebende des Holocaust kehrten nach Estland zurück

SEHENSWERTES

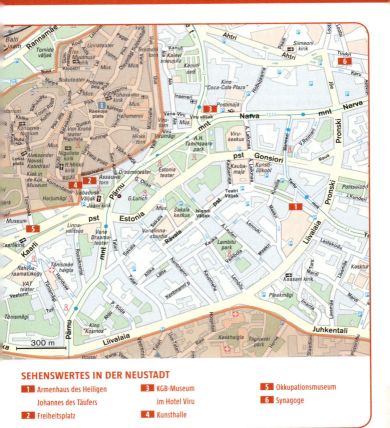

SEHENSWERTES IN DER NEUSTADT

1. Armenhaus des Heiligen Johannes des Täufers
2. Freiheitsplatz
3. KGB-Museum im Hotel Viru
4. Kunsthalle
5. Okkupationsmuseum
6. Synagoge

jüdische Gemeinde in Tallinn war immer schon wesentlich kleiner als die Gemeinden in Riga oder Vilnius. Mehr als 700 Familien zählte sie nie. Mit den 200 Plätzen in der Haupthalle der Synagoge kommt die jüdische Gemeinde aus. Nach dem Zweiten Weltkrieg kehrten nur wenige Juden nach Estland zurück. Denn das Sowjetregime stellte das offene Praktizieren des jüdischen Glaubens unter Strafe. Der moderne Bau aus Betonsäulen und riesigen Glasflächen besitzt die einzige Mikwe des Landes, eine Einrichtung für rituelle Bäder. Das Restaurant mit koscherer Küche ist ausgezeichnet. *Mo–Do 10–18, Fr 10–14 Uhr | Karu 16 | www.ejc.ee*

KATHARINEN-TAL

Dieser Stadtteil, der noch immer zu den besten Wohngegenden Tallinns zählt, wurde nach der Ehefrau des Zaren Peter benannt.

KATHARINENTAL

Der estnische Staatspräsident hat hier ebenso seinen Sitz wie zahlreiche Botschaften. Für Katharinental *(Kadriorg)* im Tallinner Osten sollten Sie mindestens einen halben, besser aber einen ganzen Tag veranschlagen. In bzw. über einer schönen Parkanlage liegen hier zwei der wichtigsten Sehenswürdigkeiten Tallinns: das neue Kunstmuseum KUMU und das prachtvolle Barockschloss der Zaren, Katharinental – ein pinkfarbener Hauch schwelgerischen Italiens im Norden Europas. Für die einstige russische Aristokratie bildete der Zarenpalast mit den umliegenden Grünanlagen den Mittelpunkt ihrer Sommerfrische. Heute ist der Park von Katharinental ein beliebtes Wochenend- und Ausflugsziel für die Bewohner der Stadt.

KUMU: hypermodernes Kunstmuseum

1 KUMU (EESTI KUNSTIMUUSEUM)
★ ● (115 D5) (*G4*)

Das Estnische Kunstmuseum hat seine über 55 000 Besitztümer auf insgesamt fünf Museen verteilt *(KUMU, Kadriorg, Nikolaikirche, Adamson-Eric-Museum* und das außerhalb gelegene *Kristjan-Raud-Haus)*. Tallinns besonderer Stolz ist das 2006 eröffnete nationale Kunstmuseum KUMU. Die oberhalb von Schloss Katharinental gelegene hypermoderne Anlage des finnischen Architekten Pekka Vapaavuori, ein halbmondförmiger Bau, ist das größte Museum des Landes. Gezeigt wird u. a. eine Sammlung von Klassikern der estnischen Kunst seit dem 18. Jh., darunter die Bilder von einer Gruppe Malerinnen, die der deutschbaltischen Schicht entstammten und es Ende des 19. Jhs. zu einigem Ruhm brachten (darunter Elsbeth Rudolff und Sally von Kügelgen), sowie Vertreter des estnischen Expressionismus (Konrad Mägi, Ado Vabbe). Weitere Schwerpunkte sind Arbeiten aus der Sowjetzeit von 1945 bis 1991 sowie eine Sammlung zeitgenössischer Kunst seit der Unabhängigkeit. Viele der Gemälde, Skulpturen und Installationen haben Estland zum Thema. *Mai–Sept. Di, Do–So 11–18, Mi 11–20 Uhr, Okt.–April Do–So 11–18, Mi 11–20 Uhr | Eintritt 5,50 Euro | Weizenbergi 34 | www.ekm.ee | Straßenbahnlinien 1 und 3 bis Endhaltestelle Kadriorg, Busse 67, 68 bis Haltestelle Uuslinna*

2 PARK VON KATHARINENTAL (KADRIORU PARK) ●
(114–115 C–D4) (*F–G 3–4*)

Nordwestlich der Straße Weizenbergi erstreckt sich der weitläufige Park von Schloss Katharinental, ein Lieblingsziel der Tallinner für romantische Spaziergänge und Familienausflüge. 1722 wurden hier mehr als 500 Rosskastanien gepflanzt, die Peter I. eigentlich später

www.marcopolo.de/tallinn

SEHENSWERTES

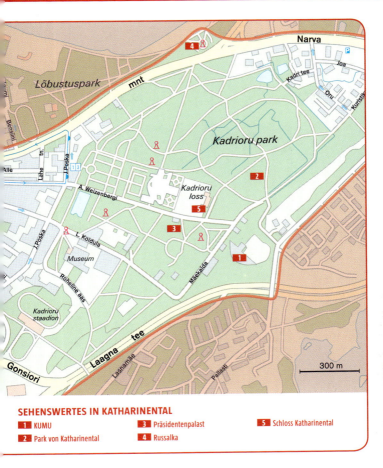

SEHENSWERTES IN KATHARINENTAL
- **1** KUMU
- **2** Park von Katharinental
- **3** Präsidentenpalast
- **4** Russalka
- **5** Schloss Katharinental

nach St. Petersburg folgen sollten. Nach seinem Tod geriet das Projekt jedoch in Vergessenheit und sie blieben hier; einige sollen noch immer auf diese Pflanzung zurückgehen. Mittelpunkt des Parks ist der künstlich angelegte, rechteckige Schwanenteich mit einem hübschen Pavillon in der Mitte. Dahinter erstreckte sich ursprünglich ein kunstvoller französischer Garten, der jedoch nicht erhalten ist. *Eintritt frei | Straßenbahnlinien 1 und 3 bis zur Endhaltestelle Kadriorg, Busse 1, 1a, 19, 29, 29a, 29b, 34a, 38 und 44 vom Viru-Platz bis Haltestelle J. Poska*

3 PRÄSIDENTENPALAST (VABARIIGI PRESIDENDI KANTSELEI)
(114 C4) (⌘ F4)

1938 wurde der Amtssitz des Präsidenten gleich neben Schloss Katharinental vollendet. Heute ist er wieder Wohn- und Amtssitz des estnischen Präsidenten.

46 | 47

KATHARINENTAL

Besichtigen können Sie den kleinen Palast nicht, aber es lohnt sich, einen kurzen Blick auf das Gebäude zu werfen, das im gleichen Stil wie das benachbarte Schloss gebaut wurde. Mit etwas Glück sehen Sie sogar die INSIDER TIPP patrouillierende Ehrenwache. *Weizenbergi 39 | Straßenbahnlinien 1 und 3 bis zur Endhaltestelle Kadriorg, Busse 1, 1a, 19, 29, 29a, 29b, 34a, 38 und 44 vom Viru-Platz bis Haltestelle J. Poska*

4 RUSSALKA (115 D3) (*G3*)
Dieses 1902 am Ostseeufer errichtete Denkmal erinnert an den Untergang des gleichnamigen Kriegsschiffs 1893. Auf dem Weg von Tallinn nach Helsinki sank es im Sturm und riss alle 177 Besatzungsmitglieder in den Tod. Heute ist die vom estnischen Bildhauer Amandus Adamson gestaltete Skulptur auf einem hohen Sockel ein beliebter Hintergrund für Hochzeitsfotos der russischstämmigen Bevölkerung. *Straßenbahnlinien 1 und 3 bis zur Endhaltestelle Kadriorg, Busse 1, 1a, 19, 29, 29a, 29b, 34a, 38 und 44 vom Viru-Platz bis Haltestelle J. Poska*

5 SCHLOSS KATHARINENTAL (KADRIORU LOSS) ★
(115 D3) (*G4*)
Zar Peter I. ließ das pinkfarbene Barockschloss von 1718 an errichten, damit seine Gattin Katharina I. – und mit ihr die ganze Zarenfamilie – für sommerliche Aufenthalte in Tallinn eine angemessene Bleibe erhalten sollte. Aber als der Zar 1725 starb, war der Palast noch nicht fertiggestellt, und Katharina hatte es nie

Weißer Saal im Schloss Katharinental: Prunkraum mit Stuck und bemalter Decke

bis nach Tallinn geschafft. Doch der Bau blieb in der Familie und wurde schließlich 1736 vollendet. Künftige Generationen, von Peters Tochter Elisabeth bis zum letzten Zaren Nikolaus II., nutzten Schloss Katharinental gelegentlich als Sommersitz.

Hauptbau und Nebenflügel beherbergen heute die Sammlung ausländischer

www.marcopolo.de/tallinn

Gemälde des Estnischen Kunstmuseums (*Kadriori Kunstimuuseum*). Das prachtvolle Exponat ist aber das im Stil einer italienischen Villa erbaute Schloss selbst. Die Entwürfe stammten vom italienischen Architekten Niccoló Michetti, ausführender Architekt war Gaetano Ciavara, der auch die Dresdner Hofkirche baute. Besonders schön ist der reich geschmückte Weiße Saal mit üppiger, barocker Stuckdekoration, Wandmalereien und der mit Motiven aus Ovids „Metamorphosen" ausgemalten Decke. Im oberen Stockwerk residierte während der ersten Unabhängigkeit Estlands der Präsident. Im ehemaligen Küchengebäude wurde die Privatsammlung von Johannes Mikkel untergebracht. Der Kaufmann und Kunstsammler aus Tartu trug mehr als 600 estnische, russische, chinesische und europäische Gemälde, Drucke, Keramiken sowie kostbares Porzellan zusammen und vermachte diese in Estland einzigartige Sammlung 1994 dem *Mikkel-Museum (Mikkeli muuseum)*.

Im sehr bescheiden anmutenden, **INSIDER TIPP** *Peterhäuschen* (*Peeter I Majamuuseum*) genannten Cottage logierte Peter I. während der Bauarbeiten. Hier sind einige persönliche Gegenstände aus dem Besitz des Zaren sowie Möbel aus der Epoche ausgestellt. Der üppige Blumengarten hinterm Schloss ist nach Plänen aus dem 18. Jh. neu angelegt worden. *Schloss Katharinental Mai–Sept. Di, Do–So 10–17, Mi 10–20 Uhr, Okt.–April Mi–So 10–17 Uhr | Eintritt 4,20 Euro | Mikkel-Museum Do–So 10–17 Uhr, Mi 10–20 Uhr | Eintritt 2,20 Euro | Peterhäuschen Mi–So 10–16 Uhr | Eintritt 1,92 Euro | Blumengarten Mai–Okt. tgl. 9–20 Uhr | Eintritt frei | Weizenbergi 37 | www. ekm.ee | Straßenbahnlinien 1 und 3 bis zur Endhaltestelle Kadriorg, Busse 1, 1a, 19, 29, 29a, 29b, 34a, 38 und 44 vom Viru-Platz bis Haltestelle J. Poska*

AUSSERHALB

BOTANISCHER GARTEN (TALLINNA BOTAANIKAAED) ● (0) (*0*)

Eine grüne Oase: 2400 Pflanzenarten aus unterschiedlichen Klimazonen gedeihen in den Gewächshäusern des 10 km vom Zentrum entfernten, an beiden Ufern des Flusses Pirita gelegenen Botanischen Gartens. Die Außenanlagen bieten herrliche Flanierwege durch Landschafts- und Kräutergärten. *Gärten tgl. 11–20 Uhr | Gewächshäuser Mai–Aug. tgl. 11–18 Uhr, Sept.–April tgl. 11–16 Uhr | Eintritt 3,50 Euro | Kloostrimetsa tee 52 | www.tba.ee | vom Viru väljak Buslinien 34a und 38 bis zur Haltestelle Kloostrimetsa*

BRIGITTENKLOSTER (PIRITA KLOOSTER) ★ (0) (*0*)

Das Kloster zählt zu den romantischsten Zielen am Rand der Stadt. Es liegt im Stadtteil *Pirita*, etwa 5 km nordöstlich der Altstadt. Mit den Ruinen des Brigittenklosters und dem Segelzentrum der Olympischen Spiele 1980 an der Mündung des Pirita sind in Pirita zwei zentrale Elemente des Tallinnschen Selbstverständnisses ansässig, nämlich Tradition und die Nähe zum Wasser. Im 15. Jh. wurde das Kloster des schwedischen Ordens der Heiligen Brigitta gegründet. Es blieb bis zu seiner Zerstörung durch die Armee Iwans des Schrecklichen während des Livländischen Kriegs im Jahr 1575 aktiv. Heute sind nur noch die Fundamente, ein Friedhof, Überreste der Kreuzgänge und die eindrucksvolle gotische Fassade der Klosterkirche zu sehen. Im Sommer bilden die Ruinen die stimmungsvolle Kulisse zu einem Festival klassischer Musik. Die Schwestern des Brigittenordens sind hier seit 2001 wieder heimisch und besitzen gleich neben den Ruinen eine

AUSSERHALB

moderne Klosteranlage. *Juni–Aug. tgl. 9–19 Uhr, April, Mai, Sept. und Okt. tgl. 10–18 Uhr, Nov.–März tgl. 12–16 Uhr | Eintritt 2 Euro | Kloostri tee 9 | www.piritaklooster.ee | Bus 1a, 8, 34a, 38 bis Haltestelle Pirita*

ESTNISCHES FREILICHTMUSEUM (EESTI VABAÕHUMUUSEUM) ●
(0) (*⌖ O*)

Das Freilichtmuseum, auch *Rocca al Mare* genannt, liegt in wunderschöner Natur 8 km westlich der Altstadt – ein herrliches Ziel für einen schönen Sommertag. In einem großen Wald auf der Halbinsel Kakumäe wird anhand von knapp 100 Bauernhöfen, Mühlen, einer alten Dorfschule und einer Kapelle aus dem Jahr 1699 gezeigt, wie das ländliche Leben im Estland des 18., 19. und 20. Jhs. ausgesehen hat. Vier Dörfer repräsentieren die architektonischen Besonderheiten des Nordens, Südens, Westens sowie der Inseln. Noch anschaulicher wird die Präsentation durch Handwerker, die traditionelle Fertigkeiten demonstrieren. In der Schenke *Kolu Kõrts* runden deftige estnische Spezialitäten die Zeitreise kulinarisch ab. Alternative ist ein Picknick am Meer. In der Mittsommernacht wird auf dem Gelände ein Johannisfeuer entzündet und die Sonnenwende mit traditionellen Bräuchen, Wettkämpfen und Musik gefeiert. *Mai–Sept. tgl. 10–20 Uhr,*

BÜCHER & FILME

▶ **Der Verrückte des Zaren** – Jaan Kross (1920–2007), der wichtigste estnische Schriftsteller, schildert in seinem historischen Roman das Leben des Deutschbalten Timotheus von Bock, der sich im 19. Jh. durch Kritik an der absolutistischen Monarchie mit seinem Gönner, dem Zaren Alexander I., überwirft. Jaan Kross wurde mehrfach für den Literaturnobelpreis vorgeschlagen

▶ **Der Tod von Reval** – Eine originale Annäherung an Tallinn gelingt dem in Riga geborenen Autor Werner Bergengruen (1892–1964) mit seiner Novellensammlung. Auf liebevoll-ironische Weise zeichnet er ein Sittengemälde der Hauptstadtbewohner im Lauf der Jahrhunderte

▶ **Das Model und der Kapitän – Lesereise Estland** – In Reportagen und Porträts zeichnet Stefanie Bisping, die Autorin dieses MARCO POLO-Bandes, ein Bild des heutigen Estlands

▶ **Estland, mon amour** – Sibylle Tiedemann begibt sich in ihrem poetischen Dokumentarfilm (2005) auf Spurensuche nach ihrem Bruder, der unter mysteriösen Umständen an der estnischen Küste gestorben ist

▶ **Stiilipidu (Shop of Dreams)** – Komödie (2006) von Peeter Urbla. Im Mittelpunkt stehen drei estnische Kostümbildnerinnen, die ihre eigene Firma gründen und in einer sich wandelnden Gesellschaft ihre Identität suchen

▶ **Magnus** – Das eindringliche Melodram (2007) der jungen Filmemacherin Kadri Kõusaar über einen vernachlässigten Jugendlichen wurde als erster estnischer Film bei den Filmfestspielen Cannes gezeigt

SEHENSWERTES

Hoch das Bein: traditioneller Bauerntanz, vorgeführt im Estnischen Freilichtmuseum

Häuser 10–18 Uhr, Okt.–April tgl. 10–17 Uhr, Häuser geschl. | Eintritt Mai–Sept. 6 Euro, Okt.–April 3 Euro | Vabaõhumuuseumi tee 12 | www.evm.ee | Buslinien 21 und 22 vom Hauptbahnhof bis zur Haltestelle Vabaõhumuuseum

ESTNISCHES HISTORISCHES MUSEUM (EESTI AJALOOMUUSEUM)
(115 E1) (*H1*)
Diese Zweigstelle des Estnischen Historischen Museums im Schloss Maarjamäe *(Maarjamäe loss)* an der Straße nach Pirita widmet sich der Geschichte Estlands im 19. und 20. Jh. Schwerpunkte sind der Estnische Unabhängigkeitskrieg und die erste Unabhängigkeit. Als feudale Datscha gebaut, wurde das Schloss später in ein Hotel verwandelt, danach war hier die Sowjetische Armee ansässig. *Mi–So 10–17 Uhr | Eintritt 3 Euro | Pirita tee 56 | www.eam.ee | Buslinie 1A, 8, 34A bis Maarjamägi*

FERNSEHTURM (TELETORN) (O) (*O*)
1980 wurde der 314 m hohe Turm gewissermaßen als Denkmal sowjetischer Ingenieurskunst errichtet. Nach einer Restaurierung öffnete das Monument wieder 2012 mit einer neuen Glasbodenplattform; unten können Sie an der Fassade noch die INSIDER TIPP Einschusslöcher sehen, die vom sowjetischen Übernahmeversuch im Jahr 1991 zeugen. Im Inneren hatten einige beherzte Funker den Aufzug mit Streichholzschachteln sabotiert, sodass die Truppen die 1000 Stufen zu Fuß erklimmen mussten. Den Sieg trug schließlich die Pressefreiheit der jungen Republik davon. *Öffnungszeiten standen bei Redaktionsschluss noch nicht fest | loostrimetsa tee 58 | Buslinien 34 und 34a bis Haltestelle Motoklubi*

KRIEGSDENKMAL (MAARJAMÄE)
(115 E1) (*H3*)
An der Straße nach Pirita erinnern ein Betonklotz, ein Obelisk sowie Figuren aus Beton und Eisen an die sowjetischen Soldaten, die 1918 und 1941 starben. Der an der Küste gelegene Komplex wurde in zwei Phasen, 1960 und 1975, errichtet. Zuvor war hier bereits ein deutscher Soldatenfriedhof mit einem Denkmal angelegt worden, das hinter dem sowjetischen liegt. *Buslinien 1a, 8, 34a und 38 bis Haltestelle Maarjamägi*

50 | 51

AUSSERHALB

LAHEMAA-NATIONALPARK (LAHEMAA RAHVUSPARK) ★
(117 E–F 3–4) *(*M *O)*

Im größten und bekanntesten Nationalpark Estlands, der 70 km östlich von Tallinn beginnt, locken dichte Kiefern- und Fichtenwälder, wunderschöne Wiesen, Hochmoore und Buchten zum Wandern und Baden. Neben vielen Wasservogelarten sind hier auch Kraniche und Störche, Braunbären, Luchse und Elche heimisch. Nicht umsonst heißt der 725 km² große Nationalpark auf Estnisch *Lahemaa Rahvuspark*, was „Land der Buchten" bedeutet.

Besonders schön ist die Bucht in *Käsmu* (119 F4) *(*M *O)*. Dieses auf einer Halbinsel gelegene Dorf zählt mit seinen Fischerkaten, Kapitänshäusern, einem Seemannsfriedhof und alten sowjetischen Wachtturm zu den Hauptattraktionen im Nationalpark. Hier können Sie am schönen Badestrand das größte Findlingsfeld des Landes mit riesigen, aus der Eiszeit stammenden Steinen bewundern. Wen die Geschichte Käsmus interessiert, kann dem Meeresmuseum *(tgl. 10–17 Uhr | Eintritt 1 Euro)* einen Besuch abstatten. Der *Gutshof Sagadi*, ca. 13 km von Käsmu entfernt, ein im Barockstil erbauter Hof mit 20 Gebäuden aus dem 18. Jh., zählt zu den schönsten deutschbaltischen Herrenhäusern. Das

Land der Buchten: Findlinge am Badestrand von Käsmu im Lahemaa-Nationalpark

Haupthaus der Adelsfamilie ist ebenso zu besichtigen wie eine Ausstellung zum Thema Wald im Nebengebäude *(Mai–Sept. tgl. 10–18 Uhr | Eintritt für beide Ausstellungen 2,50 Euro | www.sagadi.ee)*. In einem ehemaligen Gutshof in *Palmse* befindet sich das Besucherzentrum des Parks *(Mo–Fr 9–17 Uhr | www.lahemaa.ee)*. Im umliegenden Park locken ein See, seltene Baumarten und sieben markierte Wanderwege zwischen 1,7 und 4,7 km Länge.

Organisierte Tagestouren in den Nationalpark bietet z. B. *Estonian Experience* an *(Dauer 9.30–17.30 Uhr | Preis 95*

www.marcopolo.de/tallinn

SEHENSWERTES

Euro | Kaupmehe 7 | Tel. 53 46 40 60 | www.estonianexperience.com). Öffentliche Busse mehrmals tgl. ab Tallinn-Busbahnhof bis Viitna (Fahrzeit eine Stunde)

INSIDER TIPP ▶ **PALDISKI** (116 B4) *(Ⓜ 0)*

45 km westlich von Tallinn liegt der ehemalige Militärstützpunkt Paldiski auf der landschaftlich schönen Halbinsel Pakri. Hier ist die sowjetische Vergangenheit noch sichtbar, denn erst 1994 wurden die hier stationierten sowjetischen Soldaten abgezogen. Heute leben noch 4000 Menschen in dem Ort, der aussieht wie ein Museum des Kalten Kriegs. Die Plattenbauten stehen fast alle leer, die militärischen Bauten verfallen. Ab 1962 war Paldiski Ausbildungsort für die Besatzungen von Atom-U-Booten. Mitte der 1960er-Jahre wurde ein nuklearer „Versuchsreaktor" angelegt, dessen Mauern und Wachtürme noch stehen. Beide Projekte erforderten Geheimhaltung, weshalb das Städtchen buchstäblich eingezäunt wurde.

Dabei hat es auch historische Bedeutung. Peter der Große legte 1718 den ersten Hafen an und wollte ihn durch eine Festung sichern. Sie wurde zwar nie fertiggestellt, doch ihre Reste – vielmehr Anfänge – sind erhalten geblieben. Einen Abstecher wert ist *Pakri*, der mit 52 m höchste ☼ Leuchtturm Estlands. Hochklettern können Sie zwar nicht, aber von hier aus ist der Blick auf die vorgelagerten Inseln besonders schön. *Bus 145 ab Hauptbahnhof oder Zug (zehn Verbindungen tgl. ab Hauptbahnhof, Fahrzeit 72 Min.)*

SÄNGERFESTPLATZ MIT FEUERTURM (LAULUVÄLJAK, TAHKUNA TULETORN)
☼ (115 E3) *(Ⓜ H3)*

Nahe der Tallinner Bucht liegt der Sängerfestplatz, wo 1988 die „Singende Re-volution" ihren Anfang nahm. Damals versammelte sich fast ein Drittel aller Esten, um die traditionellen Freiheitslieder zu singen. Noch immer findet hier alle vier bis fünf Jahre das Große Sängerfest statt (das nächste Mal 2014), bei dem riesige Chöre auftreten – 25 000 Stimmen zählte das bislang größte. Während eines Fests brennt auf dem 46 m hohen Feuerturm neben der Bühne immer ein Feuer. Zwischen den Festen wird der Platz für Festivals und Rockkonzerte genutzt. Auch der „Biersommer" *(Öllesummer)* findet hier statt. Die Bühne unter muschelförmigem Dach wurde 1960 errichtet. Von den obersten Rängen blickt man bis aufs Meer – vom Feuerturm hinunter auf die Altstadt. *Narva mnt. 95 | Buslinien 1a, 8, 34a und 38 bis Haltestelle Lauluväljak*

ZOO (0) *(Ⓜ 0)*

Tallinns 1939 eröffneter Zoo hat mit heute knapp 350 Tierarten und insgesamt 5400 Tieren einen der vielseitigsten Tierbestände in ganz Nordeuropa zu bieten. Hier leben unter anderem Nashörner, Przewalski-Pferde (eine seltene Wildpferdeart) und Schneeleoparden. Der ältere Teil der Anlage aus der Sowjetära trägt noch Züge einer Verwahrungsanstalt, der neue ist modern und besitzt weitläufige, der Natur nachempfundene Gehege. Zuletzt erhielten Löwen und Elefanten ein neues Zuhause. Die Fortpflanzungserfolge, etwa beim Schneeleopard, deuten auf eine artgerechte Haltung der Tiere hin. *Mai–Aug. tgl. 9–19 Uhr, März–April und Sept.–Okt. Mo–Sa 9–17 Uhr, Nov.–Feb. Mo–Sa 9–15 Uhr | Eintritt im Sommer 5,80 Euro, im Winter 3 Euro | Paldiski mnt. 145 | www.tallinnzoo.ee | von Vabaduse väljak Oberleitungsbus 6, Buslinie 22, vom Hauptbahnhof Oberleitungsbus 7 oder Buslinie 21 bis Haltestelle Zoo*

ESSEN & TRINKEN

Die Tallinner lieben es, essen zu gehen. Dass nach der Wende der Besuch beim Italiener, Mexikaner oder Chinesen als Gipfel der Genüsse galt, erklärt sich aus der kulinarischen Isolation zuvor.

Die Fusionküche feiert heute zwar nach wie vor Triumphe, mittlerweile dominiert aber der Trend zur mediterranen Küche. Und die Esten mögen ihre Klassiker. Tallinns ambitionierte Köche versuchen, diese beiden Strömungen zu einer Art estnischer Nouvelle Cuisine zu verschmelzen, die auf einheimische und saisonale Zutaten setzt und klassische Spezialitäten modern – das heißt vor allem: leichter – interpretiert.

Traditionell kocht man in Estland deftig. Es gibt beinahe alles, was auch als typisch deutsch gilt: Sauerkraut – gerne zum geschmorten Schweinebraten –, Sülze und Blutwurst, und ohne Kartoffeln ist warmes Essen kaum denkbar. Derlei Vorlieben sind noch auf Tallinns Vergangenheit als Hansestadt mit hohem deutschen Bevölkerungsanteil zurückzuführen. Auch die Sowjetzeit blieb für die estnische Küche nicht folgenlos. Borschtsch, die Suppe aus Roter Bete, Ei, Buttermilch und Kartoffeln, wird ebenso in Ehren gehalten wie Blini, vorzugsweise mit Kaviar gefüllte Pfannkuchen.

Berührungspunkte gibt es zudem mit der skandinavischen Küche. Preiselbeermarmelade kommt nicht nur aufs Brötchen, sondern verleiht auch deftigen Speisen eine süße Note. Lieblingsgerichte der Esten sind Kalbfleisch in Aspik und Heringssalat mit Roter Bete und Rindfleisch.

Mehr als Hering: Die Esten besinnen sich auf ihre eigenen Rezepte – und geben ihnen einen modernen, leichten Touch

Mit Fisch, vor allem Hering und Strömling (dem kleineren Ostseehering), geht man kreativ um. So wird bisweilen zum Dessert ein Heringsparfait gereicht.

Gegessen wird, wie es in den Tagesplan viel beschäftigter Hauptstadtbewohner passt. Die meisten Restaurants sind vom Vormittag an bis Mitternacht durchgehend geöffnet. Viele Restaurants sind mit Bars oder Lounges kombiniert und federn so den Übergang zwischen Abendessen und Clubbesuch ab. Wenn die Tallinner schick ausgehen, entscheiden sie sich zumeist für ein klassisches Menü aus drei Gängen á la carte. Doch es wird sich niemand daran stören, wenn Sie nur einen Gang wählen – oder nur eine Vorspeise. Inzwischen bieten viele Restaurants auch Vegetarisches an. Wein ist in großer Auswahl vorhanden, auch wenn die Esten im Herzen Biertrinker sind und über sehr gute heimische Biere verfügen. Bevorzugte Sorten sind A. le Coq Premium und Saku Originaal.

Nutzen Sie die Gelegenheit, für relativ wenig Geld ausgezeichnet zu speisen (in

CAFES

den teuren Gourmettempeln ist die Mittagskarte eine günstigere Option). Speisekarten in englischer (und russischer) Sprache erleichtern die Menüwahl. Eine große Leidenschaft der Tallinner ist der Cafébesuch. Insbesondere in der Altstadt gibt es zahlreiche, den ganzen Tag über stark frequentierte Cafés.

CAFÉS

BOGAPOTT ⭐ (112 B4) (*B4*)
Ein Stück Stadtmauer wurde in dieses Café mit angeschlossenem Kunsthand-

Café Kehrwieder: gut für Kuchenorgien

werksatelier am Domberg integriert. Neben köstlichen Kuchen stehen auch Sandwiches auf der Speisekarte. *Tgl. 10–19 Uhr | Pikk jalg 9 | Tel. 6 31 31 81 | www.bogapott.ee*

BONAPARTE CAFÉ ⭐ (112 C3) (*C3*)
Im selben Haus wie das elegante Restaurant *Bonaparte* befindet sich dieses gemütliche Café, in dem es wunderbare hausgemachte Kuchen und Torten gibt. *Mo–Sa 12–22, So 10–18 Uhr | Pikk 45 | Tel. 6 46 44 44 | www.bonaparte.ee*

KEHRWIEDER (112 C3) (*B4*)
Das gemütliche Café ist mit alten Möbeln vollgestopft, bietet ausgezeichneten Kaffee und Kuchen und gehört zu den beliebtesten Adressen rund um den Rathausplatz. *So–Do 8–23, Fr und Sa 8–1 Uhr | Raekoja plats 10 | Tel. 55 54 74 36 | www.kohvik.ee*

INSIDER TIPP MATILDA CAFÉ
(112 B4) (*B4*)
Schönes kleines Café am Fuß des Dombergs mit Fenstern zu beiden Seiten, roten Sofas und Sesselchen sowie hübschen Holztischen und -stühlen. Köstliche hauseigene Schokoladentorte sowie diverse innovative Kreationen. *Mo–Sa 9–19, So 9–18 Uhr | Lühike jalg 4 | Tel. 6 81 65 90 | www.matilda.ee*

INSIDER TIPP PIERRE CHOCOLATERIE
(112 C3) (*C4*)
Trüffel, Pralinen und Kuchen aus eigener Herstellung sind ein Traum, die heiße Schokolade mit Zimtstange zum Rühren gehört zwar zu den teureren der Stadt, ist ihr Geld aber unbedingt wert. Entzückend ist das Interieur mit niedrigen Fenstern und schweren Holzbalken, winzigen Sesseln, Stühlen und Tischen, mit Samtdecken, Kerzen, Bildern und Pflänzchen – wie in einer Puppenstube oder bei einer sehr alten Tante. *Tgl. 9–23 Uhr | Vene 6 (im Hof) | Tel. 6 41 80 61*

INSIDER TIPP VERTIGO GOURMET DELI & CAFÉ (112 C4) (*C4*)
Zu den Verlockungen des winzigen Cafés gehören Petit Fours aus weißer Schokolade und grünem Tee. Köstliche Kuchen nebst Kaffeespezialität gibt es für deutlich unter 5 Euro. Wer mehr ausgeben will, nimmt eine Flasche Champagner dazu. Alles auch zum Mitnehmen. *Mo–Fr 9–22, Sa 10–22, So 11–19 Uhr | Viru 17 | Tel. 5 07 22 20 | www.vertigogourmet.ee*

www.marcopolo.de/tallinn

ESSEN & TRINKEN

CAFÉ WABADUS (112 C3) (𝄢 B5)
Das ehemalige „Moskva" ist auch nach seiner Umbenennung ein Insidertreff. Abends geht es oben rund, tagsüber trifft man sich zu Kaffeespezialitäten, Salaten oder Snacks im Café im Parterre. *Mo–Do 9–24, Fr 9–4, Sa 11–4, So 11–24 Uhr | Vabaduse Väljak 10 | Tel. 6 40 46 94*

TCHAIKOVSKY (112 C3) (𝄢 C4)
Russische und französische Kochkunst verbinden sich im Restaurant des Hotels Telegraaf zu außergewöhnlichen kulinarischen Erlebnissen. Im Sommer sitzt man schön und geschützt im Innenhof. *Tgl. | Vene 9 | Tel. 6 00 06 10 | www.telegraafhotel.com*

RESTAURANTS €€€

BONAPARTE (112 C3) (𝄢 C3)
Eleganter geht's kaum als beim Candlelightdinner in diesem wunderschön restaurierten Gebäude aus dem 17. Jh. Hier bekommen Sie die wohl beste französische Küche der Stadt. Selbst die Pralinen zum Kaffee werden in der hauseigenen Konditorei hergestellt. *So geschl. | Pikk 45 | Tel. 6 46 44 44 | www.bonaparte.ee*

Ö ⭐ (113 D3) (𝄢 C4)
Neue estnische Küche mit modernen Interpretationen heimischer Rezepte, die allerdings eine Neigung zu Fusion-Experimenten aufweist. So stehen etwa gratinierter Ziegenkäse auf Salaten als Vorspeise und gegrillter Thunfisch in Pflaumensauce mit Reisröllchen als Hauptgericht auf der Speisekarte. Das Angebot wechselt mit den Jahreszeiten, Fisch- und Wildgerichte spielen aber immer eine große Rolle. Trendiges Publikum. *Tgl. | Mere pst. 6a | Tel. 6 61 61 50 | www.restoran-o.ee*

PEGASUS (112 C4) (𝄢 B4)
Aus den Lautsprechern perlt Jazz, die Gäste sind erfolgsverwöhnt. Auf der Karte stehen Spezialitäten aus aller Welt: von indischem Hühnchen *Tikka Masala* über Sashimi bis zu *Penne Frutti di Mare*. Auch die Bar im Parterre ist seit langem ein angesagter Treffpunkt. Samstags gibt's dort Livejazz. *So geschl. | Harju 1 | Tel. 6 31 40 40 | www.restoranpegasus.ee*

RESTAURANTS €€

BALTHASAR 🌿 (112 C3) (𝄢 B4)
Für Experimentierfreudige: Die raffinierten, modernen Gerichte werden alle mit Knoblauch zubereitet – mit ein paar Ausnahmen. Selbst zum Dessert wird scharf Gewürztes geboten – etwa Knoblaucheis mit Schokoladensauce. Den

---

MARCO POLO HIGHLIGHTS

⭐ **Bogapott**
Kunsthandwerk trifft auf Kuchen im kuscheligen Café → S. 56

⭐ **Ö**
Top-Adresse für moderne estnische Küche → S. 57

⭐ **Klafira**
Authentische russische Küche und guter Service → S. 58

⭐ **Kuldse Notsu Kõrts**
Traditionelle Speisen in ländlich-urigem Ambiente → S. 58

⭐ **Bonaparte Café**
Stilvolles Café, köstliche Kuchen → S. 56

⭐ **Olde Hansa**
Kulinarischer Ausflug in die Hoch-Zeit der Hanse → S. 59

56 | 57

RESTAURANTS €€

Speisen ebenbürtig sind das elegante Ambiente und der grandiose Blick auf den Rathausplatz. *Tgl. | Raekoja plats 11 | Tel. 6 27 64 00 | Reservierungen unter 5 02 90 77 | www.balthasar.ee*

CLAZZ (112 C3) (*ŵ B4*)

Eine Kombination aus Loungebar und Restaurant, die sich abend in eine Live-bühne verwandelt (fast jeden Tag Live-musik, am Donnerstag Jazz). Die Karte ist eine Weltreise: von Bruschetta und Pasta über Steaks und Chili bis zu Entenbrustfilet und Lachs. *Tgl. | Vana Turg 2 | Tel. 6 27 90 22 | www.clazz.ee*

FISH & WINE (112 C4) (*ŵ B4*)

Trotz der Lage am Meer ist dies Tallinns einziges Restaurant, das auf Fischgerichte spezialisiert ist. *Tgl. | Harju 1 | Tel. 6 62 30 13 | www.fw.ee*

KLAFIRA ⭐ (112 C3) (*ŵ B4*)

Mit hervorragenden russischen Spezialitäten (z. B. Blini mit Kaviar), freundlichem Service und schönem Ambiente wird das Russland des 19. Jhs. zum Leben erweckt. Im Sommer sitzt man vorm Haus in tiefen Korbsesseln. *Tgl. | Vene 4 | Tel. 58 37 73 33 | www.klafira.ee*

`INSIDER TIPP` KOHVIK MOON (112 C2) (*ŵ B3*)

Hinter dem bescheidenen Namen *Café Moon* verbirgt sich ein ausgezeichnetes Restaurant mit moderner russischer Küche zu moderaten Preisen. Allein die gekonnte Präsentation der Gerichte macht Lust, immer wieder herzukommen. *Mo geschl. | Võrgu 3 | Tel. 6 31 45 75 | www.kohvikmoon.ee*

KULDSE NOTSU KÕRTS ⭐ (112 C4) (*ŵ B4*)

Im *Gasthaus Goldenes Ferkel* gibt es authentische estnische Küche vom marinierten Hering über Schweinebraten bis zu Blutwurst und Sauerkraut. Auch vegetarische Gerichte bekommen Sie hier. Alles wird frisch zubereitet, sodass dieses Restaurant zwar ein Touristenmagnet, aber keine Touristenfalle ist. Kleine

GOURMETTEMPEL

Egoist (112 C3) (*ŵ C4*)

Eine der elegantesten Adressen der Stadt. Los geht es mit Hummer-Carpaccio oder Gänsestopfleber, zum Hauptgang werden Spezialitäten wie provenzalisches Lamm oder Elchfilet serviert. Reservieren! Zwei-Gänge-Menu 39 Euro. *So geschl. | Vene 33 | Tel. 6 46 40 52 | www.egoist.ee*

Gloria ● (112 C4) (*ŵ B4*)

Seit den 1930er-Jahren verköstigt dieses renommierte Restaurant auch Staatsgäste. Auf der Karte stehen Belugakaviar, Foie gras, Fisch und Klassiker wie Bœuf Stroganoff und Entenbrustfilet. Hauptgericht 16 Euro. *Tgl. | Müürivahe 2 | Tel. 6 40 68 00 | www.gloria.ee*

Stenhus (112 C3) (*ŵ C4*)

Im Kellerrestaurant des eleganten Hotels *Schlössle* bestimmen Decken aus dem 13. Jh. und ein riesiger Kamin das Ambiente. Die moderne Küche wurde schon mehrfach zur besten in Estland gekürt. Hauptgericht 25 Euro. *Tgl. | Pühavaimu 13/15 | Tel. 6 99 77 80 | www.stenhus.ee*

www.marcopolo.de/tallinn

ESSEN & TRINKEN

Stenhus: preisgekrönte moderne Küche in mittelalterlichem Kellergewölbe

Terrasse. *Tgl. | Dunkri 8 | Tel. 6 28 65 67 | www.notsu.ee*

OLDE HANSA ★ ● (112 C4) (*B4*)

In diesem theaterartigen Restaurant, das dem Heim eines wohlsituierten Kaufmanns nachempfunden ist, fallen Sie aus der Zeit – und landen direkt in der Ära der Hanse. Gewürzbier, Flötenklänge, kostümiertes Personal und mittelalterliche Speisen (deftige Eintöpfe, Steaks, Wildschwein oder „in Bier mariniertes Schwein nach Art des deutschen Kaufmanns") erinnern an Tallinns ruhmreiche hanseatische Vergangenheit. Dazu gibt es Stark- und Honigbiere, gewürzte Weine und diverse Sorten „Schnapps". *Tgl. | Vanaturg 1 | Tel. 6 27 90 20 | www.oldehansa.ee*

PEPPERSACK (112 C4) (*C4*)

In einem Gebäude aus dem 15. Jh. wird das Mittelalter lebendig – zumindest wenn sich im rustikalen Ambiente allabendlich um 20 Uhr zwei Kostümierte ein Duell liefern. Auf der Karte stehen *Master Hansus Fest* (gegrilltes Schweinefilet mit Sauerkraut), *Lady Margaretas Schwäche* (gratiniertes Hähnchenfilet mit Wildreis, Mangosalsa und Currysauce) und andere Fleisch- und Fischgerichte mit klangvollen Namen. Morgens werden ab 8 Uhr deftige Frühstücke englischer und estnischer (mit dem Kräuterlikör *Vana Tallinn*) Prägung aufgefahren. *Tgl. | Viru 2 | Tel. 6 46 68 00 | www.peppersack.ee*

RIBE (112 C3) (*B4*)

Sehr gute Küche mit französischem Akzent, freundlicher Service und zeitgenössisches Ambiente machen das *Ribe* zu einem beliebten Ziel erfolgsgewohnter junger Hauptstadtbürger. *Tgl. | Vene 7 | Tel. 6 31 30 84 | www.ribe.ee*

TROIKA (112 C3) (*B4*)

Gehaltvolles Essen zu russischer Musik in einem altstadttypischen Kellergewölbe. Das Restaurant ist berühmt für seine Blinis und die Fertigkeit des Personals, den Wodka in hohem Bogen einzuschenken. Am Wochenende unbedingt reservieren! Sehr preiswerte Mittagsgerichte

58 | 59

RESTAURANTS €€

SPEZIALITÄTEN

▶ **Kalasupp keedumuna ja ürtidega** – Fischsuppe, angerichtet mit gekochtem Ei und vielen Kräutern (vor allem Dill)
▶ **Kama** – geschrotetes Getreide, Mehl und geröstete Hülsenfrüchte in Sauermilch; dieses estnische Nationalgetränk wird nach dem Essen gereicht
▶ **Kilu** – kleiner estnischer Hering
▶ **Kohuke** – Quarkröllchen mit Schokoladenglasur
▶ **Külm peedisupp** – kalte Suppe aus roter Bete (Foto li.)
▶ **Küpsetatud vorstikesed hapukapsa ja sinepiga** – Bratwurst mit Sauerkraut und Senf
▶ **Lumepalli** – Schneebälle (geschäumtes Eiweiß); wird als Dessert gereicht
▶ **Marineeritud heeringas sibula ja keedukartuliga** – marinierter Hering mit Zwiebeln und Salzkartoffeln
▶ **Pankoogid** – Pfannkuchen (mit Marmelade, Honig oder Eis)
▶ **Pirukad** – mit Fleisch und Gemüse gefüllte Teigtaschen
▶ **Rossolye** – eingelegter Hering mit roter Bete
▶ **Seapraad ahjukartulite ja hapukapsaga** – traditionelles estnisches Gericht: geschmorter Schweinebraten mit gebackenen Ofenkartoffeln und Sauerkraut (Foto re.)
▶ **Silgusoust** – Strömling (kleiner Hering) und gebratener Speck in Sauerrahmsauce
▶ **Sült sinepi ja keedukartuliga** – Sülze mit Senf und Salzkartoffeln
▶ **Vana Tallinn** – Likör aus Rum und Aroma von Zitronenöl, Zimt und Vanille (40 oder 50 Prozent Alkohol!). Wird pur, in Cocktails oder in Kaffee, Tee und heißer Schokolade getrunken
▶ **Verivorst** – Blutwurst; oft mit Salzkartoffeln, Sauerkraut und gebratenem Speck serviert

(3–5 Euro) Tgl. | Raekoja plats 15 | Tel. 6 27 62 45 | www.troika.ee

INSIDER TIPP **VON KRAHLI AED**
(112 C3) (*B4*)
Gesunde Speisen biologischer Herkunft hat sich die „Botschaft für unverfälschtes Essen", wie sich das Haus auch nennt, auf die Fahnen bzw. die Speisekarte geschrieben. Gekocht wird nach modern interpretierten estnischen Rezepten: baltische Heringsterrine mit Roggenbrot oder im Ofen gebackener Lachs mit Frühlingszwiebeln. Für Allergiker sind

www.marcopolo.de/tallinn

ESSEN & TRINKEN

Ingredienzien wie Gluten ausgewiesen. *So abends geschl. | Rataskaevu 8 | Tel. 6 26 90 88 | www.restoranaed.ee*

RESTAURANTS €

AFRICAN KITCHEN (112 C3) (*ⓜ C3*)
Sicher sind Sie nicht nach Nordeuropa gereist, um afrikanisch zu essen. Dieses Restaurant lohnt trotzdem den Besuch: wegen der preiswerten und exotischen Gerichte (Currys, vegetarische Gerichte, Kebabs, Fisch und Meeresfrüchte) und der schönen ☼ Dachterrasse. *Tgl. | Uus 34 | Tel. 6 44 25 55 | www.africankitchen.ee*

CAFÉ MORE ● (113 D3) (*ⓜ C4*)
Schönes Bistro im Viru Shopping Centre, wo man liest, im Internet surft und sich mit Kuchen, Sandwiches, Suppen und Salaten stärkt. *Tgl. | Viru Väljak 4/6 | Tel. 6 61 91 33 | www.cafemore.ee*

INSIDER TIPP CAFÉ PUSHKIN
(113 D3) (*ⓜ C4*)
Dem Namen zum Trotz ist dieses im Zentrum für russische Kultur beheimatete russische Lokal eher Restaurant als Café. Russischstämmige Esten lieben es wegen der legendären Suppe aus drei Sorten Fisch und der Blini (z. B. mit rotem Kaviar gefüllt). Jeden Freitag und Samstag gibt es ab 15 Uhr Akkordeonmusik. Terrasse. *Tgl. | Mere pst. 5 | Tel. 6 31 36 36 | www.cafepushkin.ee*

INSIDER TIPP KOHVIK KOMEET ☼ ☺
(112 C4) (*ⓜ C6*)
Die junge Estin Anni Arro führt in der vierten Etage des Solaris-Einkaufszentrums dieses freundliche und helle Café-Restaurant. Schwerpunkt sind saisonale Gerichte in Bioqualität. Einen Versuch wert sind aber auch die köstlichen Kuchen und die vielseitige Frühstückskarte

(ausgezeichnetes hausgemachtes Brot). *Tgl. | Estonia pst. 9 | Tel. 6 14 00 90 | www.kohvikkomeet.ee*

ZEBRA CAFÉ (113 D3) (*ⓜ C4*)
Schick und trendig: von den Austern, die man stückweise bestellen kann, über die hauseigene Sushibar bis hin zum puristischen, aber mit afrikanischer Wärme ausgestatteten Interieur. Die ausgefallene Küche bedient sich aus der ganzen Welt und kreiert etwa Bruschetta aus Portobello-Pilzen mit Hasenleber und Rosmarin-Aioli oder Schweinemedaillons in Dijonsenf und Honig an Tsatsiki. *Tgl. | Narva mnt. 7 | Tel. 6 10 92 30 | www.zebracafe.ee*

LOW BUDG€T

▶ Besonders niedrig hält die Kosten, wer in Cafés statt in Restaurants (dort die preiswertere Lunchkarte wählen!) essen geht. Fast überall bekommen Sie in Cafés außer Kuchen auch herzhafte Snacks und kleine Gerichte. Besonders preiswerte Salate und Quiches gibt es etwa im *Café Saiakang* (112 C3) (*ⓜ B4*) *(Mo–Do 9–20, Sa 19–21, So 10–20 Uhr | Saiakang 3/5 | Tel. 6 44 30 55).*

▶ Preiswerte Tex-Mex-Gerichte (Hauptgericht 4 Euro) gibt es beim *Taco-Express* (112 C4) (*ⓜ B4*) *(tgl. | Suur-Karja 18 | Tel. 6 82 55 08 | www.tacoexpress.ee).* Noch günstiger ist die finnische Fast-Food-Kette *Hesburger*, die in der Innenstadt viele Filialen hat (112 C4) (*ⓜ C4*) *(tgl. | Viru 27 a | Tel. 58 50 12 12) | www.hesburger.com).* Für ein Hauptgericht zahlen Sie nur 2–3 Euro.

Bild: Geschäft für Bernsteinschmuck

EINKAUFEN

CITY WOHIN ZUERST?

Einen Querschnitt durch Tallinns Geschäfte bekommt, wer sich die Straße **Viru (112 C–D 4)** (*B–C4*) hinabtreiben lassen. Außer estnischem Design sowie Souvenirläden und Boutiquen gibt es hier auch viele Cafés und Restaurants. Wenn Sie die Stadtmauer erreichen, finden Sie zu Ihrer Linken den **Wollmarkt**. Ein paar Schritte weiter lassen die Einkaufszentren Viru Centre und Tallinna Kaubamaja am **Viru-Platz (Viru Väljak)** mit internationalen Ketten und estnischen Labels (etwa Baltman und Ivo Nikkolo) keinen Wunsch offen.

Shopping konzentriert sich in Tallinn auf die Unterstadt. Hier sind die Gassen voller kleiner Fachgeschäfte für Design und Kunsthandwerk, Boutiquen und Souvenirläden – wunderbar zum Schauen und Stöbern und entsprechend populär bei den Besuchern.

Estnisches Design hat sich einen Namen gemacht – im Bereich der Wohnaccessoires und Gebrauchsgegenstände ebenso wie in der Mode. Viru, Müürivahe, Kullassepa, Suur-Karja und Väike-Karja heißen die wichtigsten Einkaufsstraßen. Meiden Sie westliche Marken, die sind meist teurer als zu Hause. Hier bekommen Sie aber auch die typischen Mitbringsel: Strick- und Leinenwaren, Keramik, bunte Babuschkas – die zwar eher russisches denn originär estnisches Kul-

Die Shopping-Verlockungen der Altstadt: Feines Leinen und schwere Wolle, Kunsthandwerk und nordisches Design

turgut repräsentieren, aber nicht nur bei Kindern auf Begeisterung stoßen – und Bernsteinschmuck.

Bernstein wird heute im Baltikum meist nur verarbeitet. Seit der früher sehr ergiebige Bernsteintagebau bei Kaliningrad, dem früheren Königsberg, 2002 aufgegeben und geflutet wurde, sind die Preise zudem gestiegen. Vermeintliche Superschnäppchen sollten Sie deshalb misstrauisch machen. Beim Kauf auf der Straße ist besondere Vorsicht geboten, denn nicht alles ist echt – und für Laien sind die Unterschiede zwischen Fund und Fake schwer auszumachen. Als Faustregel gilt: Echter Bernstein sinkt in Süßwasser und schwimmt in konzentriertem Salzwasser.

ANTIQUITÄTEN

Das Angebot wird noch vom russischen Erbteil geprägt. Wenn Sie einen echten Samowar oder einen Satz Ikonen suchen, haben Sie beste Aussichten, fündig zu werden. Zwischen echten

BERNSTEIN

Schätzen liegen noch immer Kisten voller sowjetischer Abzeichen und sonstiger militärischer Memorabilia. Bitte denken Sie daran: Für estnische Objekte, die vor 1945, sowie Gegenstände jeder Herkunft, die vor 1850 angefertigt wurden, braucht man eine Ausfuhrerlaubnis. Sprechen Sie den Händler darauf an.

BERNSTEIN

SYMPHONY OF AMBER (112 B3) (*B4*)
Alles aus Bernstein: schöner Schmuck, aber auch andere Kunstgegenstände sowie teils kuriose Andenken aus dem „baltischen Gold". *Tgl. | Kohtu 5*

Vom Samowar bis zur Schaufensterpuppe: Devotionalien aus Russland bei Reval Antiik

ANTIIK (112 C3) (*B4*)
Das Geschäft offeriert eine große Auswahl an Antiquitäten, insbesondere Ikonen – die teuer sein können. *Tgl. | Kinga 5 | Tel. 6 46 62 32*

REVAL ANTIIK (112 C4) (*B4*)
Russische Devotionalien, vor allem Samoware und Ikonen, und jede Menge Silber finden Sie bei Reval Antiik. Ikonen kosten hier zwischen 100 und 12 000 Euro, russische Samoware von 100 bis 200 Euro. *So geschl. | Harju 13 (Eingang Müürivahe) | Tel. 6 44 07 47*

BÜCHER

RAHVA RAAMAT (113 D4) (*C4*)
Die größte Buchhandlung Estlands führt viele Bücher in englischer Sprache, darunter Literatur über Estland. *Tgl. | im Viru Shopping Centre | Viru käsku 4/6*

DELIKATESSEN

INSIDER TIPP BONAPARTE DELI (112 C3) (*C3*)
Egal, ob Sie im Wohnmobil essen, am Meer picknicken möchten oder schöne

www.marcopolo.de/tallinn

EINKAUFEN

Mitbringsel finden wollen: Hier müssen Sie einfach reinschauen! Torten, Teilchen, Quiches, Salate, handgemachte Pralinen und Eis gehören ebenso zum Angebot dieser französisch orientierten Bäckerei und Delikatessenhandlung wie frisches Brot, verschiedene estnische Honigsorten und köstlich gewürzte Kakaomischungen in dekorativen Dosen. *So geschl. | Pikk 47 | www.bonaparte.ee*

KALEV (112 C3) (*ɯ B4*)

Für ihre Schokolade wurden die Esten schon während der Sowjetzeit geschätzt. Mittlerweile gibt es sie in geradezu dekadenten Erscheinungsformen. Dieses Traditionshaus ist seit 1806 für süße Sünden zuständig: Pralinen, Marzipan, gefüllte Schokoladentafeln, Karamell und Bonbons gehören zum Angebot des größten Süßwarenherstellers im Baltikum. Um die Ecke vom Rathausplatz liegt das Schokoladen- und Marzipanfachgeschäft mit angeschlossenem Café und ● *Marzipan-Museum (Mo–Sa 10–18, So 10–16 Uhr | Eintritt frei)*. Dort sind 200 Figuren aus Marzipan ausgestellt, dazu erfahren Sie viel über die Geschichte der Marzipanherstellung in Tallinn. *Tgl. | Pikk 16 | Tel. 6 46 41 92 | www.kalev.ee*

EINKAUFSZENTRUM

VIRU SHOPPING CENTRE
(VIRU KESKUS) ● (113 D3) (*ɯ C4*)

Internationale und estnische Modelabels sowie viele Geschäfte, Restaurants und Cafés finden Sie im gleich jenseits der Stadtmauer gelegenen Einkaufszentrum in der Neustadt. Für die einheimische Bevölkerung ist der auf vier Etagen verteilte Konsumtraum eine echte Attraktion, deren Reiz sich nie erschöpft – entsprechend voll ist es vor allem am Samstag. *Tgl. 9–21 Uhr | Viru väljak 4 | www.virukeskus.com*

KAUFHÄUSER

STOCKMANN (113 E5) (*ɯ D5*) ★

Das außerhalb der Stadtmauer gelegene finnische Kaufhaus Stockmann ist seit 1993 als gehobener Konsumpalast ein Symbol westlichen Lebensstils. Außer Mode, Kosmetik, Möbeln, Haushaltswaren, Porzellan, Glas und Elektronikartikeln führt das größte Kaufhaus im Baltikum auch estnische und internationale Delikatessen. Ideal, um fürs Picknick im Park (von Katharinental) einzukaufen. *Tgl. 9–21 Uhr | Liivalaia 53 | www.stockmann.ee*

TALLINNA KAUBAMAJA
(113 D4) (*ɯ C4*)

Gleich hinter dem *Viru Shopping Centre* liegt das nicht minder populäre estnische Traditionskaufhaus, das bereits seit 1960

MARCO POLO HIGHLIGHTS

★ **Katharinengilde**
Originelles und liebevoll gearbeitetes Kunsthandwerk direkt aus dem Atelier → S. 67

★ **Stockmann**
Shoppen im größten Kaufhaus des Baltikums – mit guter Delikatessenabteilung → S. 65

★ **Wollmarkt Müürivahe**
Ohne Mütze, Schal und Handschuhe in nordischem Stil möchte niemand nach Hause fahren → S. 68

★ **Nu Nordik House of Estonian Design**
Das Coolste und Neueste an estnischem Design vom Kleid bis zur Kaffeetasse → S. 69

KUNSTHANDWERK & DESIGN

Bogapott: erst Kunsthandwerk und Keramik, danach Kaffee und Kuchen

besteht, sich aber ganz an die Anforderungen des 21. Jhs. angepasst hat. Dazu gehört auch eine sehr appetitliche Food-Abteilung. *Tgl. 9–21 Uhr | Gonsiori 2/Ecke Viru väljak | www.kaubamaja.ee*

KUNSTHANDWERK & DESIGN

4 ROOM (112 A4) (*A4*)
Wer originelle und funktionale Leuchten und Möbel sucht, kann hier fündig werden. Kleine Lampen, die auch gut ins Fluggepäck passen, gibt es ab umgerechnet 35 Euro, größere kosten ab 70 Euro. *So geschl. | Paldiski mnt. 102 | www.4room.ee*

BOGAPOTT (112 B4) (*B4*)
Schöne kunsthandwerkliche Souvenirs und viele Keramikarbeiten finden Sie im Laden; nach dem Einkaufsbummel können Sie sich bei Kaffee und Kuchen im angeschlossenen Café stärken. *Tgl. | Pikk jalg 9*

INSIDER TIPP ESTONIAN DESIGN HOUSE / EESTI DISAINI MAJA
(112 C2) (*C3*)
In einem historischen Hafengebäude hat die Vereinigung Estnischer Designer einen Showroom für ihre Arbeiten eröffnet. Originelle Möbel und Haushaltsgegenstände können Sie dort kaufen, im benachbarten Café *Oot Oot* anschließend japanische Nudeln essen. *So geschl. | Kalasadama 8 | www.edl.ee*

ESTONIAN HANDICRAFT HOUSE (EESTI KÄSITÖÖ MAJA)
(112 C3) (*B4*)
Hier gibt es die größte Auswahl an Kunsthandwerk in der Stadt: estnische Strickwaren, folkloristische Trachten und Gewänder, Filzmützen, dazu eine große Auswahl an Püppchen, Holzbestecken, Schmiedearbeiten und sonstiger Volkskunst aus allen Regionen des Landes. *Tgl. | Filialen: Viru väljak 4/6 (112 D3) (C4), Lühike jalg 6 (112 C3) (D4) | www.folkart.ee*

www.marcopolo.de/tallinn

EINKAUFEN

INSIDER TIPP ▶ **HOME ART**
(113 D3) (*ⅆ C4*)
Stilvolles und originelles Geschirr, Kerzen, Kissen, Lampen, Deko-Artikel und Möbel werden von freundlichen Menschen zu Jazzklängen verkauft. *Tgl. | Rotermanni 5/ Roseni 10 | www.homeart.ee*

INGLI JA NÖÖBI POOD
(112 C3) (*ⅆ B4*)
Wenn Sie rustikale Andenken suchen, werden Sie hier fündig: Schwere Holzketten, hölzerne Küchengeräte, aber auch Filzwaren aller Art und Leinenhüte zählen zum Angebot. *Tgl. | Ecke Heiliggeistkirche (Suurgildi Plats) / Saiakang*

KATHARINENGILDE ★ ●
(112 C3) (*ⅆ C4*)
In einer Seitengasse der Altstadt reiht sich ein Atelier ans nächste. Hier haben sich Künstlerinnen und Handwerkerinnen nach dem Vorbild alter Gilden zusammengeschlossen und Tallinns Begeisterung fürs mittelalterliche Erbe und den Konsum schöner Dinge unter ein Dach gebracht. Die Damen lassen sich bei der Arbeit über die Schulter schauen, kaufen kann man natürlich auch: Textilien fürs Zuhause, Glas- und Lederarbeiten sowie Keramik. *So geschl. | Vene 12 Katariina käik | Tel. 6 41 84 76*

KRAMBUDE (112 C4) (*ⅆ B4*)
Schönes und zu Unrecht Vergessenes aus dem Mittelalter gibt es in der Krambude des Restaurants *Olde Hansa* – von Glas- und Lederwaren bis zu Körben, Kerzen, Salztäschchen und Gewürzen. Alles ist von Hand gearbeitet. *Tgl. | Vanaturu 1 | www.oldehansa.net*

LEINEN & TEXTILIEN

LIVONIA SHOP (112 C3) (*ⅆ B4*)
Wenn Sie das richtige Outfit für einen Besuch in einem der mittelalterlichen Restaurants in Tallinn suchen, sind Sie hier goldrichtig. Der Laden bietet eine große Auswahl an Kleidungsstücken aus Leinen für Frauen, Männer und Kinder; außerdem Strickwaren in allen Farben und Formen. *Tgl. | Pikk 9 | Filiale: Kinga 3 | www.horveit.ee*

MODE MADE IN TALLINN

Das schnörkellose, aber originelle estnische Design hat sich seit der Wende international einen Namen gemacht. Von Wohnaccessoires über Haushaltsgegenstände bis zur Mode reicht das Spektrum – wobei der Modebereich besonders erfolgreich ist. Am bekanntesten ist die klassisch orientierte Linie des Modedesigners Ivo Nikkolo, Experimentierfreude zeichnet Reet Aus aus. Mode made in Tallinn sehen Sie in den Flagstores der Designer und auf ihren Modenschauen, etwa bei der *Art and Lights Design Night* im September. Einige renommierte estnische Modedesigner wie Aldo Järvsoo und seine Kollegin Vassilissa haben ihren Showroom im eigenen Atelier (Veranstaltungshinweise in „Tallinn this Week" und „Baltic Times"). Zweimal jährlich präsentieren estnische Designer bei der Show *Fashion is back in Tallinn* (FIBIT) im *Viru Shopping Centre* ihre neuen Kollektionen. Junge Designer stellen ihre Ideen außerdem häufig bei Schauen in diversen Clubs vor.

MÄRKTE

MEISTRITE HOOV (MASTER'S COURTYARD) (112 C3) (𝄞 C4)

Handgewebte Heimtextilien von Teppichen bis Tischdecken und Kunstgewerbliches verkaufen die beiden Textildesignerinnen Merle Suurkask und Einike Soosaar in ihrem kleinen Geschäft im „Hof der Meister" *Meistrite Hoov,* wo außerdem noch andere Kunsthandwerker und das bezaubernde kleine Café *Chocolaterie* ansässig sind. *Tgl. | Meistrite Hoov Hoff galerii | Vene tn 6 | www.lummtekstiil.net*

INSIDER TIPP ▶ REWILL (112 C3) (𝄞 B4)

Schönes kleines Geschäft mit Strickwaren in allen Farben (Handarbeit!) und urestnischen Souvenirs aus Steinen, Holz und Fell. *Tgl. | Vene 7*

MÄRKTE

FISCHMARKT (112 C3) (𝄞 C–B 3)

Fangfrisches Meeresgetier wird samstags gleich gegenüber vom *Estonian Design House* in der aufpolierten Hafengegend verkauft. Schon wegen seiner Atmosphäre ist der Fischmarkt einen Besuch wert. *Sa 10–16 Uhr | Kalaranna 1*

LOW BUDGET

▶ Im *Viru Shopping Centre* (113 D4) (𝄞 C4) finden gelegentlich Second-Hand-Kleidermärkte statt – dabei sind Markenartikel ausdrücklich erwünscht. Beachten Sie entsprechende Veranstaltungshinweise („Tallinn this Week"). *Viru väljak 4*

▶ Schnäppchen sind auch in anderen Einkaufszentren möglich, z. B. im Center *Ülemiste* beim Flughafen.

INSIDER TIPP ▶ MARKT SADAMA TURG (113 D2) (𝄞 C3)

Estnische Lebensmittel und schönes Kunsthandwerk am Hafen – dieser neue Markt bietet eine auch bei der einheimischen Bevölkerung sehr beliebte Kombination. *Mo–Fr 10–19, Sa und So 9–15 Uhr | Sadama 25-4*

WOLLMARKT MÜÜRIVAHE ★ (112 C3–4) (𝄞 C4)

Auch wenn die Sommernächte licht und lieblich sind – versäumen Sie nicht, sich mit Fäustlingen, Schals und Wollsocken einzudecken. Muster und Motive sind einfach zu schön, die teils handgestrickten Stücke dazu preiswert (bunte Prachtsocken ab 5 Euro). Erste Adresse in Sachen Schals und Socken ist der Wollmarkt vor der Stadtmauer *(Ecke Viru),* wo es Pullover, Schals, Handschuhe und Strickjacken in leuchtenden Farben und skandinavisch geprägten Mustern gibt. Wenn man besondere farbliche Vorstellungen hat, wird auf Anfrage (und gegen Aufpreis) über Nacht maßgestrickt. *Tgl. 9–17 Uhr*

ZENTRALMARKT (KESKTURG) (0) (𝄞 D5)

Hier gibt es vor allem frische Lebensmittel, aber auch Kleidung und Trödel. *Tgl. 8–16 Uhr | Keldrimäe 9 | mit Straßenbahnlinie 2 und 4 oder Buslinie 15 und 141 bis Haltestelle Keskturg*

MODE

BALTMAN MOSAIC (112 C4) (𝄞 C4)

Die beiden estnischen Labels Baltman und Mosaic gehören zum größten estnischen Modehaus, der Baltika-Gruppe. Baltman ist eine Linie für Herren, in Mosaic kleiden sich Tallinns Businessfrauen und -männer. *Tgl. | Viru väljak 4/6 | www.baltman.ee*

www.marcopolo.de/tallinn

EINKAUFEN

IVO NIKKOLO (112 C4) (*B4*)
Der bekannteste estnische Designer Ivo Nikkolo entwirft klassische, citytaugliche Mode. Seine Linie ist preiswert: Für eine Bluse zahlen Sie 50 bis 80 Euro, für ein Kleid 110 Euro. Herren müssen für einen Anzug 255 Euro hinlegen, für ein Hemd ca. 50 Euro. *Tgl. | Suur-Karja 14 | Filiale im Viru Shopping Centre* (113 D4) (*C4*) | *www.ivonikkolo.com*

Nie mehr frieren: Decken Sie sich auf dem Wollmarkt Müürivahe mit Gestricktem ein

MONTON (113 D4) (*C4*)
Jung, trendig, glamourös – und dabei auch noch preiswert ist die Mode des einheimischen Labels Monton. *Tgl. | Viru Shopping Centre | www.montonfashion.com*

NU NORDIK HOUSE OF ESTONIAN DESIGN ★ (112 C4) (*B5*)
Verschiedene estnische Designer sind hier in einer Boutique vertreten. Außer farbenfroher Wäsche, witzig bedruckten Tops und T-Shirts sowie schräger Abendmode gibt es auch Schönes für den Haushalt: von Kaffeebechern bis zum Coffeetable-Book über estnisches Design. *So geschl. | Vabaduse väljak 8 | www.nunordik.ee*

INSIDER TIPP REET AUS OPEN STUDIO (112 C4) (*C4*)
Klare Linien und hochwertige, umweltfreundlich hergestellte Materialien prägen die Mode der innovativen jungen Designerin Reet Aus aus Tallinn. Eine Linie besteht komplett aus recycelten Stoffen wie alten Schlafsäcken. *So geschl. | Müürivahe 19 | www.reetaus.com*

INSIDER TIPP VIVIAN VAU SHOE SALON (112 C–D2) (*B4*)
Absolut trendige und oft originelle Schuhe finden Sie hier zu durchaus akzeptablen Preisen. *Tgl. | Rataskaevu 2 | www.vivianvau.ee*

68 | 69

AM ABEND

CITY WOHIN ZUERST?

In der Unterstadt mit ihren zahlreichen Bars und Kneipen begegnen sich Nachtschwärmer aller Art. Wo sich die Straßen **Vana-Posti**, **Suur-Karja** und **Müürivahe (112 C4)** *(ø B4)* treffen, ist Tallinns Jugend unterwegs – hier sind auch einige der populärsten Clubs. Ein weiteres Zentrum junger Clubhopper ist die Gegend um den **Freiheitsplatz (Vabaduse väljak)** und die Straße **Harju (112 C4)** *(ø B5)*. Größere Lounges und Diskos finden Sie außerhalb der Stadtmauern vor allem auf der Straße **Mere (113 D2–3)** *(ø C3–4)*.

Regel Nummer eins: Esten werden niemals müde. Das Nachtleben nehmen die Hauptstadtbewohner ernst – und das nicht nur im Sommer, wenn die Nächte hell und warm sind.

Vor allem an den Donnerstag-, Freitag- und Samstagabenden geht es in Tallinns Bars und Clubs rund, der Freitag ist der Höhepunkt. Für eine Stadt dieser Größe gibt es erstaunlich viele Kneipen und Tanzpaläste. Weil die meisten Schauplätze des Nachtlebens nahe beieinanderliegen, ist die Stadt ein perfektes Pflaster für ausgedehntes Bar- und Club-Hopping. Nur wenige Tallinner verbringen den ganzen Abend an einem Ort; der Szenenwechsel gehört zum Ausgehen dazu. Drei Gruppen von Nachtschwärmern sind unterwegs: Esten, Russen und *Expats,* in

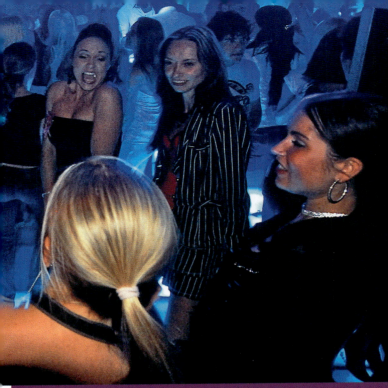

Die Macht der Nacht: Tallinns Partyszene hat Hauptstadtniveau. Machen Sie sich auf lange Abende auf der Piste gefasst

Tallinn lebende Ausländer. Zur letzten Gruppe zählen viele Briten und Finnen, die aus beruflichen Gründen in Tallinn wohnen, außerdem Studenten aus dem europäischen Ausland. Natürlich mischen sich alle drei Gruppen, doch hat jede auch ihre bevorzugten Treffpunkte. In der Regel beginnt die typische Abendunterhaltung am Wochenende mit einem Zug durch die Bars der Altstadt. Die sind während der Woche bis Mitternacht, am Wochenende ein paar Stunden länger geöffnet. Einige schließen konsequent erst, wenn der letzte Gast bezahlt hat. Zu späterer Stunde verteilt man sich auf die zahlreichen Clubs. Dort wird es erst nach Mitternacht interessant, getanzt wird am Wochenende bis 5 Uhr morgens. Und nicht immer ist es leicht, am Türsteher vorbeizukommen. Ziehen Sie also Ihr schickstes Outfit aus dem Koffer, bevor Sie auf die Piste gehen.

Außer Kneipenzügen, Clubbesuchen im Morgengrauen und Nachtschwärmerfrühstücken vor Sonnenaufgang können Sie in der Hauptstadt natürlich auch

BARS

Hochkultur genießen. Sprachbarrieren erschweren zwar einen Theaterbesuch; unbedingt empfehlenswert sind aber Oper und Konzert.

Geraucht werden darf in Tallinn per Gesetz nur noch draußen vor der Tür, nicht aber an Bushaltestellen, die zu öffentlichen Einrichtungen zählen. Häufig wer-

BARS

GLORIA VEINIKELDER (112 C4) (*B4*)

Sie können mit der estnischen Leidenschaft für Bier nichts anfangen? Dann sind Sie im Weinkeller des Restaurants *Gloria* richtig. Außer hochklassigen Weinen stehen auch Kognak, Whisky und

Nimeta Baar: gut für den allerletzten Absacker und für anthropologische Studien

den aber separate Raucherzimmer angeboten. Umgekehrt ist Alkoholkonsum auf der Straße verboten. Einheimische pflegen sich ergänzend mit alkoholischen Getränken aus Geschäften zu versorgen – für den Aperitif und Absacker daheim. Die Preise sind im Vergleich zu Mitteleuropa sehr niedrig. Allerdings darf Alkohol nur bis 20 Uhr verkauft werden.

Die meisten Bars und Lounges bieten Internetnutzung bzw. WLAN an. Über Konzerte, Karaoke-Termine, sonstige Veranstaltungen in den Clubs und Bars sowie Theaterpremieren informieren zwei in Cafés, Kneipen, Hotels und Läden ausliegende Gratisbroschüren: „Tallinn this Week" sowie der monatlich erscheinende Nightlife-Guide „Heat".

einige kleine Gerichte auf der Karte. *Mo–Sa 12–23 | Müürivahe 2 | www.gloria.ee*

INSIDER TIPP HELL HUNT
(112 C3) (*C3*)

Ein Evergreen der Tallinner Szene: In dieser Bar, in der estnische Biere ausgeschenkt werden, verkehren überwiegend Einheimische. Das Ambiente ist angenehm und schnörkellos – mit langer Theke und kommunikativen Sitz- und kuscheligen Sofaecken. *Tgl. 12–2 Uhr | Pikk 39 | www.hellhunt.ee*

KARJA KELDER (112 C4) (*B4*)

Diese traditionelle estnische Kneipe ist bei Einheimischen und Besuchern gleichermaßen beliebt. Geboten wird eine

www.marcopolo.de/tallinn

AM ABEND

große Auswahl an estnischen Bieren; gelegentlich spielen Livebands. *Fr und Sa 11–3, So und Mo 11–24, Di–Do 11–1 Uhr | Eintritt 5,10 Euro | Väike-Karja 1 | Tel. 6 44 10 08*

INSIDER TIPP **KOMPRESSOR**
(112 C3) (*ⵔ B4*)
Schlichte, aber atmosphärische Bar mitten im Geschehen, die insbesondere bei einheimischen Studenten populär ist. Preiswerte Getränke; berühmt sind auch die nahrhaften Pfannkuchen des Hauses. *So–Do 11–1, Fr und Sa 11–3 Uhr | Rataskaevu 3*

INSIDER TIPP **LEVIST VÄLJAS**
(112 C3) (*ⵔ C4*)
Am frühen Morgen trifft sich in dieser vielsprachigen Kellerbar ein verwegen angehauchtes Publikum aus Punks und Rockern, einheimischen Kunst- und ausländischen Erasmus-Studenten sowie anderen Nachtschwärmern (ab 18 Jahre). Die Getränke sind sehr preiswert, und es ist immer viel los. *Mo–Do 15–3, Fr und Sa 15–6 Uhr | Olevimägi 12*

NIMETA BAAR (THE PUB WITH NO NAME) (112 C4) (*ⵔ B4*)
Vor allem zu sehr fortgeschrittener Stunde findet eine kuriose Mischung von Nachtschwärmern den Weg hierher. Die Zusammensetzung ist international, insbesondere wenn Sportereignisse übertragen werden. Die sehr niedrigen Preise führen zuverlässig zu hohem Alkoholkonsum. Am Wochenende werden auch Platten aufgelegt. *Tgl. 10–4 Uhr | Suur-Karja 4 | www.nimetabaar.ee*

THREE SISTERS LOUNGE BAR
(112 C2) (*ⵔ C3*)
Unter fachkundiger Aufsicht eines Sommeliers können Sie in der eleganten Kellerbar des Hotels *Three Sisters* die

womöglich beste Weinauswahl der Stadt genießen. Regelmäßig werden Weinproben angeboten; ansonsten trifft man sich hier zur ruhigen Plauderstunde und einem guten Glas Wein. *Tgl. 17–1 Uhr | Pikk 71/Tolli 2 | Tel. 6 30 63 00 | www. threesistershotel.com*

CLUBS

ARENA (113 D2) (*ⵔ C3*)
Fußläufig zur Altstadt liegt dieser bei Einheimischen sehr beliebte, aber auch unter Touristen nicht unbekannte Club in der Hafengegend. Im Sommer verlagert sich das Geschehen auf die Dachterrasse. *Fr und Sa 23–8 Uhr | Sadama 6 | www. arena3.ee*

INSIDER TIPP **BONBON** (113 D3) (*ⵔ C4*)
Absolut angesagte Adresse für House-Musik. Hier tanzen die Schönen der

---

MARCO POLO HIGHLIGHTS

⭐ **Café Amigo**
Zum Tanzen und für Live-Acts eine der besten Adressen der Stadt → S. 74

⭐ **La Casa del Habano**
Schlechtes Wetter? In dieser Zigarren-Lounge wird auch Nichtrauchern karibisch warm ums Herz → S. 75

⭐ **Lounge 24**
Cocktailbar für Schwindelfreie: Vom 24. Stock haben Sie einen phantastischen Blick auf die Stadt → S. 76

⭐ **Nationaloper**
Hochkultur zu Tiefpreisen in Tallinns schönem Opernhaus → S. 77

KINO

Stadt in schwelgerischem Interieur; Licht spenden schwere Kronleuchter. Wenn es sehr voll wird, kommen nur Mitglieder am Türsteher vorbei. *Fr und Sa 22–5 Uhr | Eintritt 8 Euro | Mere pst. 6e | www.bonbon.ee*

CAFÉ AMIGO ★ (113 D3) (⌂ C4)
Schon wegen der Lage im Hotel *Viru* verkehren hier viele Reisende aus dem Ausland. Aber auch Einheimische kommen gerne ins *Café Amigo,* und das nicht nur, um die estnischen und internationalen Bands zu sehen, die regelmäßig auftreten. Vor und nach den Konzerten legen DJs Tanzbares auf, vor allem Klassiker aus den 1970er-Jahren bis zu den neuesten Hits. *So–Do 22–4, Fr und Sa 22–5 Uhr | Eintritt So–Mi 5 Euro, Fr und Sa 8 Euro, für Hotelgäste gratis | Sokos Hotel Viru | Viru väljak 4 | Tel. 6 80 93 80 | www.amigo.ee*

CLUB PRIVÉ (112 C4) (⌂ B5)
Die Stilpartys des Hauses sind legendär. Ob Sie am Türsteher vorbeikommen, ist allerdings reine Glückssache. Der Versuch lohnt sich jedoch, denn hier legen die besten DJs Estlands auf. Sehr schickes Publikum. *Do 23–5, Fr und Sa 24–6 Uhr | Eintritt 7–14 Euro | Harju 6 | Tel. 6 31 05 80 | www.clubprive.ee*

CLUB VON ÜBERBLINGEN
(112 A5) (⌂ A5)
Viel Platz zum Tanzen in einer großen Fabrikhalle und der Anspruch, eine supertrendige Adresse zu sein, locken junge Menschen, aber nicht Tallinns Crème de la Crème in diesen Club. *Fr und Sa 23–5 Uhr | Eintritt 7–8 Euro | Madara 22a | Tel. 5 02 73 31 | Buslinie 32, Oberleitungsbusse 4, 9 bis Haltestelle Ülase*

HOLLYWOOD (112 C4) (⌂ B4)
Hier ist es immer voll, seit Jahren schon und vermutlich für immer und ewig. Besonders populär sind die Themenabende, vor allem die Retropartys. Auch junge Modemacher präsentieren hier manchmal ihre neuen Kollektionen. *Mi–Sa 23–5 Uhr | Eintritt 3–8 Euro | Vana-Posti 8 | www.clubhollywood.ee*

INSIDER TIPP ▶ KAPP (112 C4) (⌂ B4)
Kapp ist das estnische Wort für Schrank. Und wiewohl Schwule da (zumindest im englischen und estnischen Sprachgebrauch) eigentlich herauswollen, möchten alle in diesen beliebtesten Schwulenclub der Stadt hinein – auch Heteros. Kein Wunder: Cocktails, Essen, Musik – hier stimmt einfach alles. *So–Do 22–3, Fr und Sa 22–5 Uhr | Eintritt 5 Euro | Vana-Posti 8 (Eingang Müürivahe) | www.kapp.ee*

KINO

Außer bei Kinderfilmen werden alle Filme im Original mit estnischen Untertiteln gezeigt. Das aktuelle Kinoprogramm können Sie unter Tel. 11 82 abfragen (auf Englisch).

SOPRUS (112 C4) (⌂ C4)
Altstadtkino für Cineasten, die sich auch für estnische Produktionen (besonders Animationsfilme) interessieren. *Tgl. | Karten 4,15–6,39 Euro | Vana-Posti 8 | Tel. 6 44 19 19 | www.kinosoprus.ee*

LIVEMUSIK

INSIDER TIPP ▶ CLAZZ (112 C4) (⌂ B4)
Tallinns Topadresse für Livejazz: An Donnerstag- und Freitagabenden verwandelt sich dieses angenehme, wenige Schritte vom Rathausplatz entfernte Restaurant in einen groovenden Jazzkeller, auch Blues- und Soulbands treten auf. *So und Mo 11–1, Di–Do 11–3, Fr und Sa 11–4 Uhr | Vana Turg 2 | Tel. 6 27 90 22 | www.clazz.ee*

www.marcopolo.de/tallinn

AM ABEND

CHICAGO (112 C3) (*∅ C4*)
Dieser Club voller Atmosphäre ist Estlands erste Adresse für Bluesmusik. Die Acts sind so gut, dass man sich am Lake Michigan wähnt. *So–Di 12–24, Mi und Do 12–1, Fr und Sa 12–3 Uhr | Eintritt 14 Euro | Aia 3 | www.chicago.ee*

ROCK-CAFÉ (113 F5) (*∅ E5*)
Rock- und Bluesbands vor allem aus Estland, Finnland und Russland, gelegentlich aber auch aus Großbritannien und den USA, treten am Wochenende in dieser ehemaligen Fabrikhalle in der Nähe vom Busbahnhof auf. *Do 21–4, Fr und Sa 22–4 Uhr | Eintritt je nach Act | Tartu mnt. 80d | 3. Etage | www.rockcafe.ee | Buslinien 15 und 141 bis Haltestelle Keskturg*

SCOTLAND YARD (113 D3) (*∅ C4*)
Ebenso riesige wie bizarre Themenbar, in der am Wochenende Rockbands auftreten. Die Toiletten sind elektrischen Stühlen nachempfunden, die Räumlichkeiten wollen britische Atmosphäre verströmen.

So–Mi 9–24, Do–Sa 9–2 Uhr | Mere pst. 6e | Tel. 6 53 51 90

LOUNGES

LA CASA DEL HABANO ★ ●
(112 C4) (*∅ B4*)
Sinnbild für die Entschiedenheit, mit der Tallinn sich von der Planwirtschaft ab- und dem guten Leben zugewandt hat, ist diese alteingesessene Adresse. Hier macht man es sich auf dem Sofa bequem und raucht in schönstem karibischem Ambiente eine gute *Cohiba* oder *Romeo y Julieta* aus dem einstigen sozialistischen Bruderstaat. Nichtraucher erfreuen sich derweil an einem Glas Portwein oder an kubanischem Kaffee. *Mo–Sa 10–24, So 12–18 Uhr | Dunkri 2 | www.havanas.ee*

INSIDER TIPP **DÉJÀ VU** (112 C4) (*∅ C4*)
Superschicke Lounge, die außer cooler Musik, großen Videoeinwänden und einer international ausgerichteten Speisekarte auch eine exotische Teeauswahl bietet. Cocktails (große Bandbreite an

Mehr als Jazz im Clazz: Auch Blues- und Soulbands sorgen für entspannten Groove

OPER & KONZERT

Martinis) und Champagner gibt es natürlich auch. *Mi–Sa 12–6, So–Di 12–24 Uhr | Vana-Viru 8 | www.dejavu.ee*

LOUNGE 24 ⭐ 🌿 (113 D4) (𝄪 C5)
Der ideale Ort, um den Abend zu beginnen oder ausklingen zu lassen. In der 24. Etage des *Radisson Blu Hotel* genießt man in dieser schicken Bar zum Cocktail einen fabelhaften Blick auf Stadt und Meer. Im Sommer sitzen Sie auf der Terrasse unter Sternen. Auch ein angenehmer Ort für ein Abendessen bei Kerzenlicht. *Tgl. 12–2 Uhr | Rävala pst. 3 | www.radissonblu.com/hotel-tallinn*

LOW BUDG€T

▶ Wenn Sie nicht ein ausgesprochener Weintrinker sind, wird Sie das Nachtleben in Tallinn insgesamt nicht teuer zu stehen kommen. In einigen Kneipen sind Bier und Cocktails sogar gefährlich preiswert (z. B. in den Bars *Nimeta* und *Levist Väljas*).

▶ Generös veranschlagt ist die Happy Hour auch in der *Island Bar* **(113 D3)** *(𝄪 D4) (Mo–Fr 8–2, Sa 10–3, So 10–1 Uhr | Narva mnt. 7 | www.island-cafe.ee)*. Jeden Abend bekommt man zwischen 19 und 1 Uhr zwei Cocktails zum Preis von einem (6–7 Euro).

▶ Sensationell gut sind nicht nur die Inszenierungen in der *Nationaloper (Rahvusooper Estonia),* auch die Preise sind für mitteleuropäische Verhältnisse eine Sensation. Für rund 18 Euro sitzen Sie auf den besten Plätzen. *Kartenverkauf tgl. 11–19 Uhr | Estonia pst. 4 | www.opera.ee*

LOUNGE KAHEKSA/LOUNGE 8 (112 C4) (𝄪 C4)
Tolle Cocktails, trendiges, schick gekleidetes (und zahlreiches) Publikum und ein schön kitschiges Interieur verbinden sich hier zu garantiert netten Abenden. Wenn es doch mal langweilig werden sollte, können Sie zwischendurch Ihre E-Mails checken. *So–Di 12–24, Mi und Do 12–2, Fr und Sa 12–4 Uhr | Vana-Posti 8 | www.lounge8.ee*

WABADUS (112 C4) (𝄪 B5)
Das einstige *Cafe Moskva* hat sich dem Zeitgeist angepasst und heißt nun „Freiheit". Das helle, aber kuschelige Interieur und eine übersichtliche, gute Speisekarte (Pasta, Burger, gegrillter Fisch) machen das Etablissement zwischen Café, Bar und Lounge nach wie vor zu einem angesagten Treffpunkt. *So–Do 11–23, Fr und Sa 11–1.30 Uhr | Vabaduse väljak 10 | www.wabadus.ee*

OPER & KONZERT

ESTNISCHE KONZERTHALLE (ESTONIA KONTSERDISAAL) (112 C4) (𝄪 C4)
Erste Adresse für klassische Musik ist diese Konzerthalle. Das estnische Sinfonieorchester teilt sich mit Ballett und Nationaloper das Haus. Illustre Gastmusiker kommen vor allem aus Osteuropa. *Tickets ab 15 Euro | Reservierung unter Tel. 6 14 77 60, info@concert.ee oder an der Kasse | Mo–Fr 12–19, Sa 12–17 Uhr, So 1 Stunde vor Konzertbeginn | Estonia pst. 4 | www.concert.ee*

HAUS DER SCHWARZHÄUPTER-BRUDERSCHAFT (MUSTPEADE MAJA) (112 C3) (𝄪 B4)
Gelegentlich werden in diesem Renaissancepalast aus dem 15. Jh. klassische Konzerte gespielt. *Kartenver-*

www.marcopolo.de/tallinn

AM ABEND

Nationaloper: Die Fassade des im Krieg zerstörten Jugendstilbaus wurde restauriert

kauf eine Stunde vor Beginn | Pikk 26 | Tel. 6 31 31 99 | Termine unter www.mustpeademaja.ee

NATIONALOPER (RAHVUSOOPER ESTONIA) ★ (112 C4) (*C4*)

Die 1913 eingeweihte Nationaloper glänzt mit eigenen Inszenierungen und internationalen Gastspielen. Opern werden in der Originalsprache gesungen, Musicals und Operetten auf Estnisch (meist mit Einblendung der englischen Übersetzung). *An der Kasse Kartenverkauf tgl. 11–19 Uhr, für Matineen 1 Stunde vor Vorstellungsbeginn | Reservierung Mo–Fr 10–16 Uhr unter Tel. 6 83 12 15 oder estonia@opera.ee | Estonia pst. 4 | www.opera.ee*

NIKOLAIKIRCHE (NIGULISTE KIRIK) (112 C4) (*B4*)

Die wunderschöne Kirche aus dem 13. Jh. ist heute Teil des Estnischen Kunstmuseums und am Wochenende Spielort für Orgelkonzerte. *Sa und So 16 Uhr | Eintritt 3,20 Euro | Niguliste 3 | Tel. 6 31 43 30 | www.ekm.ee*

SAKU SUURHALL (0) (*0*)

In dieser größten Arena Estlands wurde 2002 der Schlagerwettbewerb Grand Prix (Eurovision Song Contest) ausgetragen. Hier sind internationale Acts zu sehen und zu hören. *Paldiski mnt. 104b | Tel. 6 60 02 00 | www.sakusuurhall.ee | Oberleitungsbusse 6 und 7 oder Buslinie 21 bis Haltestelle Haabersti*

THEATER

INSIDER TIPP ▶ VON KRAHL (112 C4) (*B4*)

So experimentell ist dieses Theater, dass selbst Sprachkenntnisse die Rezeption nicht immer leichter machen. In der Regel sind die Inszenierungen sehr visuell ausgerichtet, sodass Theaterinteressierte durchaus auf ihre Kosten kommen können. Nebenbei ist das Von Krahl auch ein viel besuchter Club, in dem junge Modedesigner ihre Kollektionen vorstellen und alternative Bands auftreten. *So–Do 12–1, Fr und Sa 12–3 Uhr | Eintritt (Club) 3–6 Euro | Rataskaevu 10–12 | Tel. 6 26 90 96 | www.vonkrahl.ee*

ÜBERNACHTEN

Tallinn bietet eine große Bandbreite an Unterkünften – von der schlichten Pension übers schicke Boutique- bis zum Businesshotel.

Am beliebtesten sind die kleineren Häuser in der Altstadt. Dort ist es im Sommer – und ganz besonders vor populären Veranstaltungen wie den Altstadttagen – dringend angeraten, rechtzeitig zu buchen. Kleiner Trost, wenn's doch nicht klappt: Weil Tallinn so übersichtlich ist, wohnen Sie auch außerhalb der Stadtmauern nicht wirklich abgelegen.

Bis auf die absoluten Luxusadressen ist das Preisgefüge im Vergleich zu anderen Hauptstädten recht moderat. In den Jugendherbergen und -hotels kostet die Nacht 15 bis 30 Euro, und noch im Vier-Sterne-Segment wohnt man in der estnischen Hauptstadt deutlich günstiger als am Mittelmeer. Zugleich haben sich originelle Hotelkonzepte etablieren können. Dazu gehört das funktionale und modern ausgestattete Budgethotel, das in allen Räumen Zugang zum Netz bietet – wie sollte es anders sein in der Hauptstadt des Landes, dessen Verfassung seinen Bürgern die Nutzung des Internets garantiert. Fast ausnahmslos verfügen die hier aufgeführten Hotels über drahtlosen Internetzugang, meist kostenlos.

Auch die Sauna gehört als Teil der estnischen Alltagskultur fast überall zum Angebot und kann in der Regel von Hotelgästen kostenlos genutzt werden. Die Website des Tourismusbüros *(www.tourism.tallinn.ee)* listet alle Hotels auf und ist auch mit deren Websites verlinkt.

Bild: Hotel The Three Sisters

Lassen Sie sich Ihr Bett im Kloster, im Stadthaus aus dem Mittelalter oder in einem modernen Glaspalast bereiten

HOTELS €€€

MERCHANT'S HOUSE ★
(112 C4) (*m* B4)
Ein luxuriöses Haus in mittelalterlichen Mauern (14. Jh.). Die schicken Zimmer verfügen über alle Annehmlichkeiten von High-Speed-Internet bis zu Plasmafernsehern. Das Restaurant befindet sich im Kellergewölbe, in der Bar wird's postmodern: Hier können Sie Ihren INSIDER TIPP Wodka selbst kühlen – in einer in den Tresen eingelassenen Schicht Eis. *37 Zi. | Dunkri 4/6 | Tel. 6 97 75 00 | www.merchantshousehotel.com*

NORDIC HOTEL FORUM ★
(113 D3) (*m* C4)
Von außen wirkt dieser der Hauptpost und dem Forum Shopping Center benachbarte Glaspalast trotz der Zedern auf dem Dach eher kühl. Innen ist das Haus hell, modern und freundlich. Zum Angebot gehören Pool, Jacuzzi, Fitnessraum und diverse Saunen. *267 Zi. | Viru väljak 3 | Tel. 6 22 29 99 | www.nordichotels.eu*

HOTELS €€€

RADISSON BLU (113 D5) (*C–D5*)
Der topmoderne Hotelturm mit Sauna und Fitnesscenter bietet von der Dachbar *Lounge 24* im 24. Stockwerk einen tollen Ausblick auf Stadt und Meer. Kostenloser Internetzugang. *280 Zi. | Rävala 3 | Tel. 6 82 30 00 | www.radissonblu.com*

RADISSON BLU OLÜMPIA (113 D5) (*C–D 5*)
Das Riesenhotel wurde anlässlich der Olympischen Spiele in Moskau 1980 gebaut, als Tallinn Austragungsort der maritimen Disziplinen war. Pool und Sauna im 26. Stock bieten einen schönen Blick auf die Stadt; der Club *Bonnie & Clyde* lockt am Wochenende auch Gäste von außerhalb. *390 Zi. | Liivalaia 33 | Tel. 6 69 06 90 | www.radissonblu.com*

SAVOY BOUTIQUE (112 C4) (*B4–5*)
Das im Art-déco-Stil renovierte Haus aus dem 19. Jh. in der Altstadt bietet aus den oberen Zimmern eine wunderbare Aussicht bis aufs Blau des finnischen Meerbusens. Die *Savoy Bar* ist ein gemütlicher Ort für die nachmittägliche Teestunde, einen letzten Absacker oder eine leichte Sushi-Mahlzeit. *44 Zi. | Suur-Karja 17/19 | Tel. 6 80 66 88 | www.savoyhotel.ee*

ST. PETERSBOURG (112 C3) (*B4*)
Gediegener Luxus in bester Lage, ganz in der Nähe vom Rathausplatz: Hier logierten schon im 19. Jh. all jene, die es sich leisten konnten – damit ist das St. Petersbourg das älteste kontinuierlich betriebene Hotel der Stadt. Die Zimmer im Art-déco-Stil sind kleine, aber äußerst behagliche Oasen. Zum Haus gehört außer dem russischen Restaurant *Nevskij* auch noch das *Kuldse Notsu Kõrts* um die Ecke, eine der besten Adressen der Stadt für estnische Küche. *27 Zi. | Rataskaevu 7 | Tel. 6 28 65 00 | www.hotelstpetersbourg.com*

Meriton Old Town Hotel: In die Lobby wurde ein Teil der Stadtmauer integriert

www.marcopolo.de/tallinn

ÜBERNACHTEN

INSIDER TIPP ▶ VIRU INN (112 C4) (*ⁿ C4*)
Liebevoll ausgestattetes, kleines Boutiquehotel in einem Gebäude aus dem 14. Jh. mitten auf der Haupteinkaufsstraße Viru in der Altstadt. Jedes Zimmer ist individuell eingerichtet, allen gemein sind schwere Holzbalken, Antiquitäten und Fernseher mit Flachbildschirmen. Zum Haus gehören zwei Saunen, ein Jacuzzi, ein italienisches Café, ein Restaurant und ein rustikaler Weinkeller. Die Gäste werden ohne Preisaufschlag vom Flughafen abgeholt. *15 Zi. | Viru 8 | Tel. 6 11 76 00 | www.viruinn.ee*

HOTELS €€

BARONS (112 C4) (*ⁿ B4*)
Zentral in der Altstadt liegt dieses 1912 als Bank errichtete Gebäude, dessen Interieur entsprechend sachlich, aber gediegen ausfällt. In der **INSIDER TIPP** Junior Suite 507 kann man im Jacuzzi liegend aufs Meer schauen. Clou des Hauses ist der Wein- und Zigarrenraum, der sich im einstigen Tresorraum befindet. Die Stahltür schließt noch. Für 25 Euro pro Stunde haben Sie die Raucherlounge ganz für sich. *33 Zi. | Suur-Karja 7/Väike-Karja 2 | Tel. 6 99 97 00 | www.barons.ee*

BRAAVO (112 C3) (*ⁿ C4*)
Das Hotel bietet geräumige Zimmer ohne jeden Schnickschnack und ein schlichtes, aber farbenfrohes und freundliches Interieur. Wer Orange und Grün liebt, ist hier richtig. Ruhig, aber zentral am Altstadtrand gelegen. In den Familienzimmern mit kleiner Küche können bis zu vier Personen übernachten. *27 Zi. | Aia 20 | Tel. 6 99 97 77 | www.braavo.ee*

KALEV SPA HOTEL ● (112 C3) (*ⁿ C4*)
Wer estnische Spakultur nicht am Strand oder auf den Inseln, sondern in der Hauptstadt erleben möchte, ist in diesem topmodernen Spahotel in der Altstadt richtig. Im Spa werden diverse Massagen, Körperpackungen und -peelings, Anwendungen für Hände und Füße sowie Beautybehandlungen angeboten. Interessant für Kinder: der Wasserpark mit drei Rutschen. *100 Zi. | Aia 18 | Tel. 6 49 33 00 | www.kalevspa.ee*

MERITON OLD TOWN HOTEL ⭐
(112 C2) (*ⁿ C3*)
Modernes Hotel in einem Gebäude aus dem 19. Jh. in schöner Altstadtrandlage Richtung Hafen. Das Haus ruht auf dem Fundament eines alten Stadtturms. Ein Teil der Stadtmauer und der benachbarten Mühle aus dem 15. Jh. ist in die Lobby integriert. Zehn Zimmer sind für Allergiker mit besonders verträglichen Materialien ausgestattet. Im gemütlichen Café *Mademoiselle* gibt es außer Frühstück

MARCO POLO HIGHLIGHTS

⭐ **Merchant's House**
High-Tech-Ausstattung in schön restaurierten mittelalterlichen Mauern – nur einen Steinwurf vom Rathausplatz entfernt
→ S. 79

⭐ **Meriton Old Town Hotel**
Tolle Lage und nette Atmosphäre, dazu noch moderate Preise
→ S. 81

⭐ **Nordic Hotel Forum**
Skandinavisch-freundliches Ambiente in Kombination mit allen denkbaren technischen Finessen → S. 79

⭐ **Telegraaf**
Wundervoller Mix aus Luxus und Nostalgie mitten in der Altstadt → S. 82

HOTELS €€

auch Kuchen, Salate und warme Gerichte. *41 Zi. | Lai 49 | Tel. 6 14 13 00 | www. meritonhotels.com*

MY CITY HOTEL (112 C4) (⌖ C3)
Ein unspektakuläres, aber angenehmes Haus, dessen Lage zwischen dem Flagstore des Designers Ivo Nikkolo und dem Club *Hollywood* Shopping-Victims und Nachtschwärmer gleichermaßen anspricht. Alle Zimmer haben Computer und Internetzugang. Sowohl die hintersten Winkel der Altstadt als auch die City sind in Minutenschnelle erreichbar.

Eher nüchtern fällt der Frühstücksraum im Keller mit recht schlichtem Buffet aus. *68 Zi. | Vana-Posti 11/13 | Tel. 6 22 09 00 | www.mycityhotel.ee*

ORU HOTEL (113 E3) (⌖ H3)
Modernes dreistöckiges Hotel in Katharinental (Kadriorg) in der Nähe des Sängerfestplatzes. Die hellen Zimmer sind skandinavisch-sachlich eingerichtet. Fragen Sie nach einem Zimmer mit Balkon, einige haben auch eine Sauna. Zum Haus gehören zudem ein Restaurant und ein Friseursalon. *51 Zi. | Narva mnt.*

LUXUSHOTELS

Schlössle (112 C4) (⌖ B4)
In dem wunderschönen historischen Fünf-Sterne-Hotel in einer stillen Gasse unweit des Rathausplatzes wärmen sich Estlands Staatsgäste am prasselnden Kaminfeuer. Geschmackvolle Antiquitäten, solide Holzbalken und die alten Steinmauern verleihen dem Haus aus dem 13. Jh. eine einmalige Atmosphäre. Ausgezeichnetes Restaurant. *23 Zi. | DZ ab 174 Euro, Suite ab 284 Euro | Pühavaimu 13/15 | Tel. 6 99 77 00 | www.schlossle-hotels.com*

Swissôtel ☘ (113 E4) (⌖ D5)
Das in der City gelegene Fünf-Sterne-Hotel ist das höchste Gebäude Tallinns. Es bietet grandiose Aussichten (insbesondere vom Restaurant *Horisont* in der obersten Etage) auf Bucht und Altstadt. Die Zimmer im modernen Design verfügen über jeden Komfort. Drei *Executive-Etagen* sind noch eine Spur exklusiver. Zum Haus gehört ein Spa. *238 Zi. | DZ 230–518 Euro | Tornimäe 3 | Tel. 6 24 00 00 | www.swissotel.com*

Telegraaf ⭐ (112 C3) (⌖ C4)
Das Hotel trumpft mit dem ausgezeichneten russischen Restaurant *Tschaikowsky* sowie erlesener Einrichtung in Schwarz und Rot mit Goldakzenten. Zu den Gästen zählte bereits der estnische Präsident Toomas Hendrik Ilves. Das Gebäude wurde 1878 als Telegrafenamt errichtet und liebevoll restauriert. Zu den Annehmlichkeiten gehören der Kamin in der Lobby, eine elegante Terrasse, Spa und ein Schwimmbad mit Glasdach. *86 Zi. | DZ 246–278 Euro | Vene 9 | Tel. 6 00 06 00 | www.telegraafhotel.com*

The Three Sisters (112 C3) (⌖ C3)
Das Fünf-Sterne-Hotel verbirgt sich im berühmten gleichnamigen Gebäude-Ensemble aus dem 15. Jh. Ein Teil ist in die Stadtmauer gefügt. Im Mittelalter waren die drei benachbarten Häuser Wohn- und Lagerräume, als Hotel vereinen sie Atmosphäre und Komfort. *23 Zi. | DZ 214–294 Euro | Pikk 71/Tolli 2 | Tel. 6 30 63 00 | www.threesistershotel.com*

www.marcopolo.de/tallinn

ÜBERNACHTEN

120b | Tel. 6 03 33 00 | www.oruhotel.ee | Buslinien 19, 29 und 44 bis Haltestelle Oru

ST. OLAV HOTEL (112 C3) *(M B3)*
Aus dem Jahr 1437 datiert der ursprüngliche Bau, dessen Räume und Gänge labyrinthisch ineinander verschlungen sind. Die Zimmer stecken voller inter-

INSIDER TIPP ▶ CITY HOTEL TALLINN
(112 A4) *(M A4)*
Junge, stylishe Unterkunft knapp jenseits der Stadtmauern. Die Zimmer verfügen über Computerterminals mit Flachbildschirmen und (gebührenfreiem) Internetzugang. *17 Zi. | Paldiski mnt. 1–3 | Tel. 6 60 07 00 | www.uniquestay.com*

Keine Wände aus Pappe: Im Hotel Schlössle stammen die Mauern aus dem 13. Jh.

essanter historischer Details und bieten alle technischen Finessen wie Internetzugang, Flachbildfernseher und Fußbodenheizung. *90 Zi. | Lai 5 | Tel. 6 16 11 80 | www.olav.ee*

HOTELS €

ALEXI VILLA (0) *(M O)*
Im waldreichen Bezirk Nõmme (5 km südlich der Altstadt) liegt diese kleine Pension mit einfachen, in skandinavischem Stil eingerichteten Zimmern. *6 Zi. | Sihi 49 | Tel. 6 70 00 96 | www.alexi.ee | Buslinien 14 und 18 bis Haltestelle Haava*

DZINGEL (0) *(M O)*
Wer sich am Transfer in die 8 km entfernte Altstadt nicht stört, kann sich in diesem großen Hotel im eleganten Vorort Nõmme an Sauna, Schönheitssalon und funktional ausgestatteten Zimmern erfreuen. Apartments (teils mit Jacuzzi) bieten sich für längere Aufenthalte an. *240 Zi. | Männiku tee 89 | Tel. 6 10 52 01 | www.dzingel.ee | Buslinie 5 bis Haltestelle P. Kerese*

HOTEL ECONOMY (112 B2) *(M B3)*
Im 19. Jh. war das Economy eines der ersten Hotels Tallinns. Heute ist alles gründlich modernisiert, hell und freund-

82 | 83

HOTELS €

lich. Die Lage in Altstadtnähe, ein angenehmes Restaurant und ein Parkplatz machen das Hotel zu einer guten Wahl in dieser Preisklasse. *38 Zi. | Kopli 2c | Tel. 6 67 83 00 | www.economyhotel.ee*

Altstadt sind unbestritten. Das im Stil der 1930er-Jahre gehaltene Interieur verbreitet eine freundliche Atmosphäre, die ❄ Sauna im sechsten Stock bietet einen tollen Blick auf die Altstadt und den Domberg. *23 Zi. | Suur-Karja 10 | Tel. 6 26 20 00 | www.maestrohotel.ee*

Old House Guesthouse: plüschige Gemütlichkeit im sogenannten Gesellschaftsraum

OLD HOUSE GUESTHOUSE
(112 C3) (*C3*)

An dieser kleinen Pension überzeugen vor allem die zentrale Lage und die günstigen Preise. Das mag darüber hinwegtrösten, dass die Zimmer sehr klein sind und das Bad auf dem Gang liegt. Ein Gemeinschaftsraum mit Kamin sorgt für Atmosphäre. Es werden auch Apartments vermietet. *6 Zi. | Uus 22 | Tel. 6 411 281 | www.oldhouse.ee*

OLD TOWN MAESTRO'S
(112 C4) (*B4*)

Zwar können lärmempfindliche Menschen hier am Wochenende nur in den oberen Etagen bei offenem Fenster schlafen, doch die Vorzüge der Lage zwischen Bars und Cafés mitten in der

INSIDER TIPP ▶ PIRITA KLOOSTRI GUESTHOUSE ❄ (0) (*O*)

Das neue Klostergebäude aus Sandstein hat Auszeichnungen erhalten, der Blick auf die benachbarten Ruinen des alten Brigittenklosters und die 1436 geweihte Klosterkirche ist wunderschön. Die Zimmer sind ansprechend eingerichtet, jedes hat ein Bad mit Dusche und Internetzugang. Einen Fernseher gibt es allerdings nur im Gemeinschaftsraum. Der Strand von Pirita liegt einige Hundert Meter entfernt, bis zur Altstadt sind es 7 km. *20 Zi. | Merivälja tee 18 | Tel. 6 05 50 00 | www. piritaklooster.ee | Buslinien 1, 8, 34 und 38 von Viru väljak bis Haltestelle Pirita*

www.marcopolo.de/tallinn

ÜBERNACHTEN

INSIDER TIPP ▶ **POSKA VILLA**
(114 C4) (*ℳ F4*)
Sehr viel Charme besitzt diese kuschelige Pension in einer rund 100 Jahre alten grünen Holzvilla am Rand des Parks von Katharinental. Die Zimmer sind ebenso individuell wie farbenfroh eingerichtet und bieten Fernseher, Telefon und Internetzugang. *8 Zi. | Jaan-Poska 15 | Tel. 6 01 36 01 | www.hot.ee/poskavilla | Straßenbahnlinien 1 und 3 bis zur Endhaltestelle Kadriorg, Busse 67 und 68 bis Haltestelle Laulupeo*

SHNELLI (112 B3) (*ℳ B 3–4*)
Etwas für Eisenbahnfans: Einen Steinwurf außerhalb der Stadtmauern liegt dieses moderne Hotel gleich neben dem Hauptbahnhof. Die Eisenbahn dient bei der (sachlichen) Einrichtung der Zimmer als dezentes Leitmotiv – und taucht auch auf Bildern, Kissen etc. auf. Die ☙ Räume im *Grünen Flügel* bieten schöne Aussicht auf den Domberg; vom *Blauen Flügel* blicken Sie auf die Schienen. Eigenes Spa. *124 Zi. | Toompuiestee 37 | Tel. 6 31 01 02 | www.gohotels.ee*

INSIDER TIPP ▶ **VALGE VILLA** (0) (*ℳ O*)
Dieses behagliche Gästehaus liegt 3 km von der Altstadt entfernt im Stadtteil Kristiine. Die individuell eingerichteten Zimmer verfügen zum Teil über Kamin. Die fünfte Nacht wird nicht berechnet. Das Haus ist nikotin- und alkoholfrei. *10 Zi. | Kännu 26/2 | Tel. 6 54 23 02 | www.white-villa.com | Buslinien 17 und 17a bis zur Haltestelle Räägu oder Oberleitungsbuslinien 2, 3 oder 4 bis Haltestelle Tedre*

APARTMENTS

APARTMENT.EE (112 A6) (*ℳ A6*)
Mehr als 40 Apartments vermittelt diese Agentur in Tallinn. Eine in der Neustadt gelegene Wohnung mit Schlafzimmer kostet beispielsweise ab 35 Euro. *Pilve 4 | Tel. 5 04 54 44 | www.apartment.ee*

RED GROUP APARTMENTS
(113 E3) (*ℳ D4*)
Unterschiedliche große Wohnungen können Sie hier für kurze oder längere Zeit mieten. Alle sind ansprechend ausgestattet und bieten Fernseher und Internetzugang. Je länger Sie logieren, desto günstiger. Ein Apartment am Rathausplatz kostet bei mindestens acht Tagen Aufenthalt etwa statt 86 Euro 66 Euro pro Nacht. *Jõe 5 | Tel. 6 66 16 50 | www.redgroup.ee*

LOW BUDGET

▶ 5 km außerhalb vom Zentrum liegt die Jugendherberge *Academic Hostel* auf dem waldreichen Gelände von Tallinns Technischer Universität. Die Zimmer sind neu *(DZ 25 Euro)* und bieten freien Internetzugang; je zwei Räume teilen sich Bad, Küche und Essbereich. *108 Zi. | Akademia tee 11 | Tel. 6 20 22 76 | www.academichostel.com | Oberleitungsbus Nr. 3 von Vabaduse väljak bis Haltestelle Keemia*

▶ Behaglich und freundlich ist das in der Altstadt gelegene *Old House Hostel* (112 C3) (*ℳ C3*). 12 Zi., 5 Schlafsäle | Bett ab 15 Euro, DZ für 39 Euro | Uus 26 | Tel. 6 41 12 81 | www.oldhouse.ee

▶ In bester Lage befindet sich das recht modern ausgestattete *The Flying Kiwi Backpackers* (112 C3) (*ℳ B4*). 4 Zi. | DZ für 44 Euro | Nunne 1 | Tel. 58 21 32 92 | www.flyingkiwitallinn.com

STADTSPAZIERGÄNGE

Die Touren sind im Cityatlas, in der Faltkarte und auf dem hinteren Umschlag grün markiert

1. HOLZHAUSROMANTIK UND KUNSTSZENE IN KALAMAJA

Das *Fischerhaus*, so der deutsche Name dieses Viertels, erstreckt sich nördlich der Altstadt bis zum Hafen und beginnt unmittelbar hinterm Hauptbahnhof. Hier sind noch viele alte Holzhäuser in unterschiedlichen Stadien der Restaurierung erhalten: Einigen mag man nur noch wenige Stunden geben, andere leuchten bereits wieder in Pastellfarben. Schon die traditionelle Architektur lohnt einen Spaziergang. Zudem ist Kalamaja im Begriff, sich in einen künstlerisch angehauchten Trendbezirk zu verwandeln. Mit Besichtigungen können Sie hier mindestens zwei Stunden verbringen.

Verlassen Sie die Altstadt über die Straße **Suurtüki.** Folgen Sie dann zunächst der Straße **Kotzebue.** Sie erinnert an den Dramatiker August von Kotzebue, der am Obersten Gerichtshof in Reval tätig war und von 1784-95 das *Revaler Liebhabertheater* leitete. Jenseits der ersten Straßenkreuzung sehen Sie rechter Hand das **Puppenmuseum → S. 93,** das in einem alten Wohnhaus untergebracht ist. In nördlicher Richtung mäandern Sie von hier aus durch die von vielen Holzhäusern gesäumten kleinen Straßen. Verlaufen können Sie sich nicht, denn das Viertel ist klein und überschaubar.
Neben Bewohnern, die sichtlich mit Armut zu kämpfen haben, haben Kreative den Stadtteil neu entdeckt und sich einige der besser erhaltenen Häuser

Bild: Glasbrücke im Puppenmuseum

Fischerhaus und Pinienduft: Spannende Architektur und originelle Museen erwarten Sie in Kalamaja und Nõmme

gesichert. Die architekturhistorisch interessanten Holzhäuser stammen aus dem frühen 20. Jh.

Strände und Häfen der beiden Halbinseln **Paljassaare** und **Kopli** besaßen schon im Mittelalter Bedeutung. Zu dieser Zeit lebten in Kalamaja Esten und Schweden, die als Fischer, Seefahrer und mit den vielen Kneipen der Gegend ihr Geld verdienten. Heute wohnen hier keine Fischer mehr, sondern Arbeiter – und Kreative. Unübersehbar steht Kalamaja zwischen Verfall und Entwicklung zum Trendviertel. Der Norden Tallinns *(Põhja-Tallinn)* ist nach der Altstadt und dem Domberg der älteste Teil der Stadt. Nachdem die Eisenbahnlinie von St. Petersburg nach Tallinn den Betrieb aufgenommen hatte, siedelten sich in Kalamaja viele Werkstätten und einige Fabriken an. Auch dieses industrielle Erbe ist noch überall zu sehen, wenn sich auch nach und nach die Kunstszene in den alten Lagern und Gebäuden ausbreitet.

Shopping ist hier zwar kein Thema, doch können Sie den einen oder anderen kleinen Tante-Emma-Laden mit einem Warenangebot entdecken, das sich seit der Wende kaum erweitert hat.

Wenden Sie sich nach rechts, biegen Sie in die Straße *Kungla* oder eine darauf in die Straße *Volta* ein, und queren Sie von dort die *Tööstuse*. Das Viertel mündet dort in einen kleinen Park, der ebenfalls **Kalamaja** heißt – ein netter Ort für ein Päuschen.

Von dort folgen Sie den Straßen *Uus Kalamaja* und *Soo*, bevor Sie einen Bogen über *Vana Kalamaja* in die Straße **Suur Patarei** beschreiben. Gleich am Meer befand sich hier seit 1919 ein Gefängnis in einer 1840 errichteten Festung. Der berühmte Tallinner Schriftsteller Jaan Kross war 1946 wegen seiner systemkritischen Äußerungen von den sowjetischen Besatzern inhaftiert worden. Die Nazis hatten ihn zwei Jahre zuvor ebenfalls wegen seiner Unterstützung estnischer Unabhängigkeitsbestrebungen verhaftet. Von hier aus wurde er nach Sibirien verschleppt, wo er bis 1954 gefangen gehalten wurde. Erinnerungen daran verarbeitete er in seiner Erzählung „Die Verschwörung".

Seit 2004 ist im weißen Bau kein Gefängnis mehr untergebracht, sondern der **Patarei Kulturpark (Patarei merekindlus)** *(Mai–Sept. tgl. 12–19 Uhr | Eintritt 2 Euro | Kalaranna 2 | www.patarei.org)*. Er hat Kalamajas Image als kommender Kunst- und Szenebezirk gefestigt. Zum Kulturpark gehören eine Kunstgalerie, ein Café und ein Konzertsaal. Das Interieur aus Sowjetzeiten ist erhalten geblieben. Bei der *Prison Experience* genannten Führung bekommen Sie Gelegenheit, sich selbst wie ein Gefangener zu fühlen. An der Straße *Kalasadama* biegen Sie nach links in die neu gestaltete **Hafengegend** ein. Was Jahrzehnte lang ziem-

Ehemaliger Kanonenturm: Blick durch das Tor der Dicken Margarethe in die Straße Pikk

www.marcopolo.de/tallinn

STADTSPAZIERGÄNGE

lich verlassen lag, wandelt sich allmählich in ein Viertel, das ganz der Erholung – und der kreativen Szene gehört. Zu Ihrer Rechten sehen Sie das **Estonian Design House** → S. 66, das in einem restaurierten Hafengebäude Arbeiten junger estnischer Designer präsentiert. Gleich nebenan wartet das angenehme Café **Oot Oot**, wo Sie auf der Terrasse sitzen und den Hafen betrachten können, der sich langsam wieder zu einer lebhaften Gegend entwickelt. Wenn am Samstag vormittag gleich gegenüber **Fischmarkt** → S. 68 ist, wird es hier sogar richtig trubelig. Wer jetzt noch sehr viel Energie hat, schlendert die neue **Uferpromenade** → S. 38 bis zum **Meeresmuseum** → S. 34 entlang.

Ansonsten kehren Sie zurück zur Straße *Suur-Patarei* in Richtung Altstadt. Bevor Sie die Stadtmauer erreichen, gibt es Gelegenheit zu einem Abstecher ins interaktive **Zentrum für Wissenschaft und Technologie (Energia keskus)** *(Mo–Fr 10–18, Sa 12–17 Uhr | Eintritt 3 Euro | Põhja pst. 29 | www.energiekeskus.ee)*. In diesem ehemaligen Kraftwerk sind Exponate zu den Themen Energieversorgung, Elektrizität, Optik und weiteren Zweigen der Physik versammelt – zwar überwiegend mit estnischer Beschilderung, aber dafür recht anschaulich mit vielen Mechanismen und Knöpfen, die vor allem Kinder gerne drücken. Von dort kehren Sie entweder über die Straße *Suurtüki* oder über die **Pikk** → S. 35 in die Altstadt zurück.

2 BÄUME UND BAUHAUS IN NÕMME

Das an eine Parklandschaft erinnernde Nõmme liegt 8 km südwestlich vom Zentrum und war ursprünglich eine eigenständige Gemeinde. Seit 1940 gehört sie zur Stadt Tallinn. Zu Beginn des 20. Jhs. bauten wohlhabende Bürger in Nõmme ihre Sommerdatschen und Ganzjahresvillen. Viele der alten Holzhäuser, Bauhausschätze und Jugendstilbauten sind noch heute erhalten. Nõmme ist eine schöne Gegend zum Flanieren. Hin kommen Sie in etwa 35 Minuten vom Hauptbahnhof mit dem Vorortzug (bis Station Nõmme) oder per Bus (14, 18 und 36 ab Viru keskus). Sie können hier leicht einen entspannten Nachmittag verbringen.

Nördlich der Eisenbahnlinie liegt das **Nõmme-Museum (Nõmme Muuseum)** *(Di–Fr 10–17, Sa 10–16 Uhr | Eintritt 64 Cent | Jaama 18)*. Wenn Sie mit der Eisenbahn aus der Innenstadt kommen, ist ein Besuch der ideale Auftakt, da es im alten Bahnhofsgebäude untergebracht ist. Anhand von Fotos, Dokumenten und Gebrauchsgegenständen wird die Geschichte dieses Stadtteils in der ersten Hälfte des 20. Jhs. aufbereitet.

Bis zum Zweiten Weltkrieg war Nõmme Wohnsitz der Reichen und Schönen, die hier in den 1920er- und 1930er-Jahren ihre Traumhäuser bauten und ein grünes Refugium von Hektik und Lärm der Hauptstadt fanden.

Gründervater der Gartenstadt war der 1841 geborene baltischdeutsche Adelige Nikolai von Glehn, der einen Teil seines Landes buchstäblich verschenkte, um seinen feudalen Sitz in eine Stadt zu verwandeln. Er selbst bewohnte hier ein an eine mittelalterliche Burg erinnerndes Herrenhaus, das 1886 fertiggestellt wurde. **Schloss Hohenhaupt (Mustamäe mõis)**, das auch **Glehn'sches Schloss (Glehni loss)** genannt wird, können Sie aber nur von außen besichtigen. Wenn Sie vom Bahnhof aus einen Abstecher die Straße **Vana-Mustamäe** entlang machen (etwa 1,5 km), sehen Sie das eigentümliche Herrenhaus von außen und können im öffentlich zugänglichen

88 | 89

Glehn-Park zudem Glehns **Kalevipoeg** bewundern, eine gewaltige Statue des estnischen Volkshelden, die der Baron höchstpersönlich aus Granit anfertigte (ebenso wie einen steinernen Drachen). Auch der während der Sowjetzeit zerstörte, aber danach wiederhergestellte Familienfriedhof ist sehenswert. Hier sind Glehns Ehefrau Caroline Henriette Marie sowie seine Enkel bestattet. Den Gründer der Gartenstadt selbst verschlug es nach Brasilien, wo er 1923 starb.

Glehns Stadt ist sehr gut erhalten. Als Tallinn am 9. März 1944 von sowjetischen Bombern schwer getroffen wurde, wurden in Nõmme „nur" 19 Häuser zerstört (und 16 schwer beschädigt). Während der sowjetischen Zeit war zwar kein Geld da, um die architektonischen Perlen zu pflegen, aber es gab auch keines, um sie abzureißen und neue Häuser zu bauen. Diesen beiden Umständen ist es zu verdanken, dass die Straßenzüge fast vollständig erhalten sind und Sie sich hier vorkommen können wie in einem Freiluftmuseum.

Romantische Holzvillen finden Sie an den breiten Straßen Nõmmes genauso wie Bauhausarchitektur und postmoderne Bauten. Zugleich ist man mitten im (Pinien-)Wald: Die großzügigen Villen sind vorsichtig in den reichen Baumbestand platziert. Im Estnischen heißt Nõmme deshalb auch **Metsalinn,** die Waldstadt. Viele der Bauten sind denkmalgeschützt; weil die Bebauungsvorschriften zudem sehr streng sind, Neubauten es also schwer haben, gehört Nõmme heute wieder zu den schicksten Vierteln der Stadt.

Künstler und Schriftsteller fühlten sich in der Idylle Nõmmes immer schon besonders wohl. Über die Straßen Pärnu maantee und Idakaare erreichen Sie vom Bahnhof kommend das **Kristjan-Raud-Haus (Kristjan Raua majamuuseum).** Der estnische Künstler Kristjan Raud (1865–1943) beeinflusste die estnische Kunst sowohl als Maler als auch als Mitbegründer des Estnischen Kunstmuseums. Die meisten seiner expressionistischen, bisweilen nationalromantisch anmutenden Zeichnungen – darunter die 200 Illustrationen für das estnische Nationalepos Kalevipoeg (Kalevs Sohn), die seinen Ruhm bis heute begründen

Kalevipoeg-Statue im Glehn-Park

www.marcopolo.de/tallinn

STADTSPAZIERGÄNGE

– entstanden in den 1930er-Jahren in diesem Haus. Es diente lange Zeit als Museum für seinen einstigen Bewohner, ist aber heute leider nur noch von außen zu besichtigen.
Über die Straße *Pärnu maantee* erreichen Sie das Zentrum Nõmmes südlich der Eisenbahnschienen. Von der Straße *Raudtee* gehen zwei Straßen ab, die besonders schön sind: **Öie** und **Lõuna**. In diesen Wohnstraßen entfaltet sich der ganze Reiz von Nõmme, und die Herkunft des Namens *Waldstadt* wird Ihnen unmittelbar einleuchten. Wer noch mehr Bäume sehen möchte, biegt von der Straße *Lõuna* rechts in die Straße *Ravila* ein, die zum **Freiheitspark (Vabaduse Park)** führt. Westlich schließen sich an ihn zwei weitere Parks an. Vom **Hiiu Park** können Sie einen kurzen Abstecher auf die *Vabaduse pst* machen. Sehr nett für den kleinen Hunger ist dort das in einem Holzhaus gelegene Café **Tädi Anni Juuris** (*Mo–Sa 10–21 Uhr | Vabaduse pst 61/Valdeku 66 | Tel. 6 58 51 57*).

Der große **Sanatooriumi Park** wird dann ihr letzter Park für heute sein. Von dort erreichen Sie über die Straße *Laste* wieder die Straße *Raudtee*, die zum Bahnhof zurückführt. Leerer Magen, schwere Füße? Wenn Ihnen der Sinn eher nach Herzhaftem steht und Sie vor Ihrer Rückfahrt in die Altstadt noch einmal gemütlich einkehren wollen, empfiehlt sich das 1,5 km nördlich der Bahnlinie gelegene, sehr angenehme Restaurant **INSIDER TIPP** **Pirosmani** (*tgl. 10–1 Uhr | Üliõpilaste tee 1 | Tel. 6 39 32 46 | www.pirosmani.ee | €€*). Die georgische Küche ist authentisch, die Einrichtung gemütlich. Suchen Sie sich einen kuscheligen Platz am Kamin, und probieren Sie georgischen Wein zur Forelle in Walnusssauce, Lammkebab und andere Spezialitäten aus Tiflis und Umgebung. Entweder Sie schaffen den Weg ins Restaurant noch zu Fuß (vom **Nõmme Muuseum** über die Straßen *Pärnu mnt.*, *Turu plats*, *Ehitajate tee*), oder Sie rufen schnell ein Taxi.

90 | 91

MIT KINDERN UNTERWEGS

Einen Kinderwagen durch die Altstadt zu lenken ist schwierig: Hohe Bordsteine, schmale Bürgersteige und das Kopfsteinpflaster auf dem Domberg testen die Belastbarkeit von Rädern und Lenkung. Ansonsten kann sich Ihr Nachwuchs auf einen herzlichen Empfang freuen. Restaurants haben Angebote für Kinder, Einkaufszentren verfügen über Spielzimmer und Wickeleinrichtungen. Für größere Kinder gibt es in Tallinn eine Menge zu entdecken: das Mittelalter zum Beispiel, das beim Spaziergang über die Stadtmauer so lebendig wird wie an wenigen anderen Orten in Europa, oder das 19. Jh., das z. B. im *Estnischen Freilichtmuseum (Eesti Vabaõhumuuseum)* durch kostümierte Handwerker anschaulich dargestellt wird. Die außerhalb gelegenen Strände eignen sich als große Sandkästen für Kinder aller Altersstufen.

INSIDER TIPP EISBAHN (UISUPLATS)
(112 C4) (*B4*)
Zwischen November und März können Sie mit Ihren Kindern auf der Eisbahn an der Nikolaikirche um die Wette fahren. Kinder ab 4 dürfen aufs Eis, für frierende Eltern gibt es eine Bar und ein Café. Schlittschuhe können Sie leihen (1,50 Euro/Stunde). *Tgl. 10–22 Uhr | Preise pro Stunde Mo–Do 3,50 Euro, Kinder 4–15 Jahre 2,20 Euro, Fr–So 4,50 Euro, Kinder 2,50 Euro | Harju | www.uisuplats.ee*

ESTNISCHES NATURKUNDEMUSEUM (EESTI LOODUSMUUSEUM)
(112 C3) (*B4*)
Wer keine Zeit hat, den Kindern Estlands Fauna live in einem Nationalpark zu zeigen, kann ihnen Wolf, Luchs, Bär und Elch zumindest ausgestopft im Naturkundemuseum nahebringen. Prunkstück der Sammlung ist ein fast 3 m langer Atlantikstör, der größte, der jemals in der Ostsee gefangen wurde. *Mi–So 10–17 Uhr | Eintritt 2 Euro, Kinder 1 Euro | Lai 29A | www.loodusmuuseum.ee*

FK KESKUS (112 A4) (*A4*)
Hier locken eine 730 m lange Bahn für motorisierte Gokarts (für Kinder ab 10 Jahren und einer Größe ab 1,30 m) und ein Café für die Eltern. *April–Okt. tgl. 12–22 Uhr | Fahrt 8 Euro, Kinder 6 Euro | Paldiski mnt. 229a | www.fkkeskus.ee*

KALEV-SPA-WASSERPARK (KALEV SPA VEEKESKUS) (112 C3) (*C4*)
Drei Wasserrutschen, Spielzonen und Planschbecken werden Ihre Kinder in diesem großen Wasserpark begeistern.

www.marcopolo.de/tallinn

Die Altstadt wird größere Kinder begeistern. Und die Kleinen fahren auf der Eisbahn oder mit der Mini-Eisenbahn

Mo–Fr 6.45–21.30, Sa und So 8–21.30 Uhr | Eintritt (90 Minuten) ab 6,50 Euro, Kinder bis 5 Jahre 1 Euro | Aia 18 | www.kalevspa.ee

INSIDER TIPP KLEINE SONNE (VÄIKE PÄIKE) (113 D4) (*C4*)
Diese Spieleinrichtung im *Viru Centre* bietet einen Kletterparcours für Kinder von 2 bis 7 Jahren und einen Mal- und Bastelraum für kleinere Kinder – dazu ein Café nebenan für die Eltern. *Tgl. 14–21 Uhr | Besuch bis drei Stunden 3,50 Euro | Viru Keskus, Gebäude B, 2. Etage*

MUSEUM MIIA-MILLA-MANDA (114 C4) (*F4*)
Seinen Namen verdankt dieses im Park von Kadriorg gelegene Museum für Kinder einer estnischen Kinderbuchheldin. Kinder von drei bis elf Jahren können hier spielen, kreativ sein, Fragen stellen und fast alle der (ständig wechselnden) Exponate anfassen. Mit Café. *Di–So 10–18 Uhr | Eintritt 2,56 Euro, Kinder 1,60 Euro, Familien 5,10 Euro | Koidula 21C | linnamuuseum.ee/miiamillamanda | Straßenbahnlinien 1 und 2 bis Kadriorg*

PUPPENMUSEUM (LASTEMUUSEUM) (112 B2) (*B3*)
Bis auf ein paar Vitrinen voller alter Puppen, Teddys und antikem Spielzeug hat dieses Museum eher den Charakter eines öffentlichen Spielzimmers: mit Tischen, an denen gemalt werden kann, und Kisten voller Legosteine und Bilderbücher. *Mi–So 10.30–18 Uhr | Eintritt 1,92 Euro, Kinder 96 Cent | Kotzebue 16 | www.linnamuuseum.ee/lastemuuseum | Straßenbahn 1 und 2 oder Oberleitungsbusse 4, 5 und 7 bis Hauptbahnhof*

TOOMAS DER ZUG (112 C4) (*B4*)
Eine Mini-Eisenbahn fährt die Kleinsten durch die Altstadt. Los geht's alle 20 Minuten an der Straße *Kullassepa* gegenüber vom Restaurant *Olde Hansa*. *Mai–Sept. tgl. 12–17 Uhr (nicht bei Regen) | Fahrt 5 Euro, Kinder 3 Euro | Tel. 5 25 64 90*

EVENTS, FESTE & MEHR

FEIERTAGE

1. Jan. Neujahr; **24. Feb.** Nationalfeiertag; **Karfreitag; 1. Mai** Maifeiertag; **23. Juni** Siegestag; **24. Juni** Johannistag (Mittsommer); **20. Aug.** Tag der Wiedererlangung der Unabhängigkeit; **25./26. Dez.** Weihnachten

VERANSTALTUNGEN

APRIL

▶ *Internationales Jazzfestival:* Das größte Jazzfestival der baltischen Staaten bietet über zwei Wochen lang Konzerte in verschiedenen Städten Estlands *(www.jazzkaar.ee)*; in der Hauptstadt u. a. in der Estnischen Konzerthalle, in der Kunstakademie, im KUMU und im *Café Amigo*.

▶ *Walpurgismarkt:* traditionelles Handwerk in der Altstadt – am Monatsende

JUNI

▶ *Altstadttage:* Straßenmärkte, Kunsthandwerker, singendes Volk und Gaukler bevölkern die Altstadt in der ersten Monatshälfte knapp eine Woche lang. www.vanalinnapaevad.ee

▶ *Summer Night Stars:* Renommiertes Opernfestival in der ersten Monatshälfte in der Oper. www.opera.ee

▶ *Johannisfest:* In der Nacht zum 24. Juni lodern überall im Land die Sonnenwendfeuer, in Tallinn im Estnischen Freilichtmuseum. www.evm.ee

▶ *Handwerkermarkt:* Am dritten Wochenende bietet die Altstadt Gelegenheit zum Kauf von Leinen, Strick- und Filzwaren, Bernsteinschmuck, Honig und Glaskeramik. www.folkart.ee

JULI

▶ ⭐ *Großes Sängerfest:* Legendär ist das in wechselnden baltischen Hauptstädten stattfindende Fest mit tausendstimmigen Chören und Tanzgruppen, das die UNESCO zum Welterbe zählt. Nächster Termin in Tallinns Riesenarena Lauluväljak: 4.–6. Juli 2014. www.laulupidu.ee

▶ *Ollesummer:* 80 000 Gäste kommen jedes Jahr in der ersten Monatshälfte nach Lauluväljak. Es ist das größte Bierfest des Nordens, mit viel Livemusik von Pop bis Jazz. www.ollesummer.ee

▶ *Mittelalterliche Markttage:* In der ersten Julihälfte präsentieren sich auf dem Rathausplatz alte Handwerke und Künste. www.folkart.ee

▶ *Internationales Orgel-Festival:* Höhepunkt des stimmungsvollen Festivals, das bis in den August in historischen Kirchen stattfindet, ist die Orgelnacht in

www.marcopolo.de/tallinn

Märkte und Musik: vom Volksfest in der Altstadt über das Große Sängerfest bis zum Weltklasse-Konzert in Klosterruinen

der Nikolaikirche (Niguliste Kirik), die von Sonnenuntergang bis Sonnenaufgang dauert. www.concert.ee

▶ **Tallinner Maritimtage:** Beim Meeresfestival stehen Boote, Regatten und Konzerte auf dem Programm. www.tallinnamerepaevad.ee

AUGUST

▶ ● INSIDER TIPP *Birgitta Festival*: Klassische Musik vor wunderbar romantischer Kulisse spielt das Tallinner Symphonieorchester in den Ruinen des Brigittenklosters in der zweiten Augusthälfte. www.birgitta.ee

▶ *Kammermusikfestival:* Um die Monatsmitte beginnt die einwöchige Konzertreihe in historischen Spielorten, darunter das Rathaus und die Johanniskirche (Jaani Kirik). www.plmf.ee

SEPTEMBER

▶ *DisainiÖÖ:* Zur Designnacht wird estnisches Design in drei Türmen der Stadtmauer und in verschiedenen Galerien präsentiert, Lichtdesigner beleuchten dazu die Altstadt. Die Designnacht ist Höhepunkt des Wochenendes ▶ *Arts & Lights* mit Konzerten, Ausstellungen und Modenschauen. www.disainioo.ee

OKTOBER

▶ *Nydd:* Das internationales Festival für Neue Musik (auf Deutsch: „Jetzt") findet in ungeraden Jahren statt. Zur künstlerischen Leitung gehört der Komponist Erkki-Sven Tüür. www.concert.ee

NOVEMBER

▶ *Filmfestival Schwarze Nächte*: Bis in den Dezember verkürzen Filme die langen Winterabende. www.poff.ee

DEZEMBER

▶ *Weihnachtsjazz:* Von Ende November bis Anfang Dezember gibt es Konzerte in Clubs und Kirchen der City. www.jazzkaar.ee

▶ *Weihnachtsmarkt:* ab Ende November auf dem Rathausplatz

ICH WAR SCHON DA!
Drei User aus der MARCO POLO Community verraten ihre Lieblingsplätze und ihre schönsten Erlebnisse

DEPECHE MODE BAAR

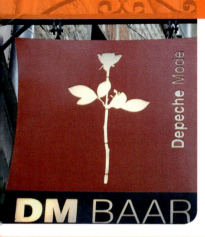

Während meines Besuchs in der estnischen Hauptstadt Tallinn entdeckte ich während eines Stadtbummels eine coole Kellerbar, die ein absolutes Muss für Depeche-Mode-Fans ist: die *Depeche Mode Baar (Voorimehe 4, Tallinn, www.depechemode.ee/bar/)*. Videos von Depeche Mode, Songs sowie Bandfotos an den Wänden sorgen dort für das richtige Feeling. Einen kleinen Fanshop gibt es natürlich, in dem man obligatorische Souvenirs wie T-Shirts oder Tassen kaufen kann. Selbst die Cocktails sind nach Songs der Gruppe benannt – insgesamt ein sehr stimmiges Konzept. **melb1 aus Pirmasens**

MY CITY HOTEL TALLINN

Das *My City Hotel* liegt im Zentrum der Altstadt. Sowohl unser Zimmer als auch das Bad waren recht geräumig und sehr sauber. Zum Rathausplatz sind es nur ca. 5 Minuten zu Fuß. Am Wochenende kann es jedoch etwas lauter werden, da sich gegenüber ein Nachtclub befindet. Am besten lässt man sich ein Zimmer zum Innenhof geben. **Faszination aus Stuttgart**

SYRTAKI

Nach einer Shoppingtour machten wir uns auf die Suche nach einem netten Restaurant. Das griechische Restaurant *Syrtaki* befindet sich direkt um die Ecke der Alexander-Newski-Kathedrale. Wir saßen dort auf der schönen Aussichtsterrasse und beobachteten das rege Treiben im Ortskern. **Lesemaus aus Vellmarl**

Haben auch Sie etwas Besonderes erlebt oder einen Lieblingsplatz gefunden, den nicht jeder kennt? Gehen Sie einfach auf www.marcopolo.de/mein-tipp

EIGENE NOTIZEN

LINKS, BLOGS, APPS & MORE

LINKS

▶ www.ttw.ee „Tallinn this week" bündelt aktuelle Kultur- und Veranstaltungstipps in englischer Sprache, dazu kommen viele Adressen zu Shopping und Sport, Restaurants und Nachtleben

▶ www.president.ee/en/ Der estnische Präsident Toomas Hendrik Ilves lässt Surfer aus dem Ausland in englischer Sprache an seinen Amtsgeschäften teilhaben – und, in dezentem Maß, auch an seinem Privatleben

▶ www.marcopolo.de/tallinn Alles auf einen Blick zu Ihrem Reiseziel: Interaktive Karten inklusive Planungsfunktion, Impressionen aus der Community, aktuelle News und Angebote …

▶ www.weather.ee/Tallinn Hier erfahren Sie tagesaktuell, welche Kleidung Sie für Ihre Reise nach Tallinn am besten einpacken

BLOGS & FOREN

▶ estland.blogspot.com Informativer deutschsprachiger Blog zu Kultur und Hintergründen aus Estland und insbesondere aus Tallinn

▶ www.stadtschreiber-tallinn.de Sarah Jana Portner war 2011 deutsche Stadtschreiberin in Tallinn. In ihrem lesenswerten Blog hat sie ihre Eindrücke und Beobachtungen zur Hauptstadtkultur aufgezeichnet

▶ mp.marcopolo.de/tal6 Eine interessante Sammlung mehrerer unterhaltsamer (englischsprachiger) Blogs von Menschen, die Tallinn zeitweise zu ihrer Heimat gemacht haben – auch ein Forum ist verlinkt

▶ www.joeldullroy.blogspot.com/ Der australische Journalist Joel Dullroy berichtet in seinem Blog „No Estonian Unturned" von seinen Erlebnissen und Eindrücken – vom Versuch, auf dem zugefrorenen Meer Auto zu fahren, über einen Campingausflug auf die Insel Saaremaa bis zum Abschied von der estnischen Krone

Egal, ob Sie sich auf Ihre Reise vorbereiten oder vor Ort sind: Mit diesen Adressen finden Sie noch mehr Informationen, Videos und Netzwerke, die Ihren Urlaub bereichern. Da manche Adressen extrem lang sind, führt Sie der kürzere mp.marcopolo.de-Code direkt auf die beschriebenen Websites

VIDEOS

▶ mp.marcopolo.de/tal5 Wie die Stadt sich selbst sieht, zeigt dieses offizielle Video des Tallinner Tourismuscenters

▶ www.youtube.com/visittallinn Das Tourismusbüro unterhält einen Kanal mit zahlreichen Filmen von Veranstaltungen und Orten. Es lohnt sich, hier einmal reinzuschauen!

▶ mp.marcopolo.de/tal2 Wie die Stadtplaner sich die vollendete Uferpromenade und die neu gestaltete Hafengegend vorstellen, zeigt das Video „Tallinn Beach Promenade"

▶ mp.marcopolo.de/tal3 Beobachten Sie die Schneeleoparden in Tallinns Zoo per Live-Webcam

APPS

▶ Tallinn Walking Tours and Map Karte mit mehreren Routenvorschlägen und den wichtigsten Sehenswürdigkeiten

▶ Tallinn Street Map Offline Internetunabhängige Straßenkarte von Tallinn mit GPS-Funktion

▶ Tallinn Travel Guides Allgemeine Informationen, praktische Hinweise und Veranstaltungstipps in englischer Sprache

NETWORK

▶ www.facebook.com/VisitTallinn Tallinn präsentiert sich auf Facebook seiner riesigen Fangemeinde mit spannenden Veranstaltungshinweisen und aktuellen Tipps

▶ www.esn.ee/tallinn Nicht nur für Studenten interessant, die ein Auslandssemester in Tallinn planen: Die Erasmus-Community gibt gute Tipps zu kulturellen Events

▶ www.facebook.com/thilves Estlands Präsident berichtet auf Facebook über ausgewählte Termine und lanciert Ideen und Inhalte

▶ mp.marcopolo.de/tal4 Praktische Informationen rund um die Hauptstadt; Mitglieder der Gruppe lieben Tallinn und/oder leben dort

PRAKTISCHE HINWEISE

ANREISE

Der Landweg über Polen, Litauen und Lettland ist aufgrund der großen Entfernungen nur für Rundreisende durchs Baltikum zu empfehlen. Es gibt zwei Grenzübergänge von Polen nach Litauen: bei Kalvarija an der *Via Baltica* und bei Lazdijai weiter südlich. Die *Via Baltica* führt von Vilnius über Riga nach Tallinn.

Eurolines bietet mehrere Verbindungen pro Woche von diversen deutschen Städten (Retourticket ab 155 Euro, Dauer ab Berlin 23 Stunden; *www.eurolines.com*); ebenso *Ecolines* (*www.ecolines.net*). Vom Busbahnhof *(Tallinna Bussiterminal* (113 F6) *(⚲ E6) | Lastekodu 46)* geht es mit der Straßenbahn 2 und

GRÜN & FAIR REISEN

Auf Reisen können auch Sie mit einfachen Mitteln viel bewirken. Behalten Sie nicht nur die CO_2-Bilanz für Hin- und Rückflug im Hinterkopf *(www.atmosfair.de)*, sondern achten und schützen Sie auch nachhaltig Natur und Kultur im Reiseland *(www.gate-tourismus.de; www.zukunft-reisen.de; www.ecotrans.de)*. Gerade als Tourist ist es wichtig, auf Aspekte zu achten wie Naturschutz *(www.nabu.de; www.wwf.de)*, regionale Produkte, Fahrradfahren (statt Autofahren), Wassersparen und vieles mehr. Wenn Sie mehr über ökologischen Tourismus erfahren wollen: europaweit *www.oete.de*; weltweit *www.germanwatch.org*

4 oder den Buslinien 17 und 17a in die wenige Autominuten entfernte Altstadt. Per Bus können Sie außerdem fast jeden anderen Ort in Estland erreichen.

Mit der Fähre kommen Sie ab Rostock mit *Finnlines* (*www.finnlines.com*) nach Helsinki (dreimal wöchentlich mit Zwischenstopp in Gdynia bei Danzig; Fahrpreis für Erwachsene in der Hauptsaison 119 Euro; Kabine ab 290 Euro, Fahrzeug ab 100 Euro). Dort weiter mit der Fähre nach Tallinn. Da Sie in Helsinki am Industriehafen ankommen, müssen Sie erst zum Passagierhafen fahren, um nach Tallinn überzusetzen. *Viking Line, Tallink Silja* und *Eckerö Line* verkehren ebenfalls auf der Route Helsinki–Tallinn. Die Gesamtfahrzeit beträgt 26,5 Stunden (*www.tallinksilja.com*). Ein Paket mit Rückfahrkarte für bis zu vier Personen und ein Auto bekommen Sie ab 716 Euro.

Lufthansa fliegt täglich ab Frankfurt in ca. zwei Stunden nach Tallinn (*www.lufthansa.com*), *Ryan Air* fliegt ab Weeze/Niederrhein und Bremen direkt nach Tallinn (*www.ryanair.com*). Mehrmals pro Woche fliegt *AirBaltic* ab Düsseldorf, Frankfurt, München, Hamburg, Berlin-Tegel, Zürich und Wien über Riga nach Tallinn (*www.airbaltic.com*), *Estonian Air* mehrmals wöchentlich ab Frankfurt, Hamburg und München (*www.estonian-air.com*). Ab Wien fliegen Sie im Sommer direkt mit *Air Estonia,* sonst z. B. über Riga *(Air Baltic),* Frankfurt *(Austrian/LH)* oder Helsinki *(Finnair).* Ab Zürich über Prag *(Czech Air)).* Der Flughafen von Tallinn *(Tallinna Lennujaam)* liegt 4 km außerhalb, das Taxi in die City kostet 6–7 Euro. Die Buslinie 2 fährt alle 20 bis 30

Von Anreise bis Zoll

Urlaub von Anfang bis Ende: die wichtigsten Adressen und Informationen für Ihre Tallinnreise

Minuten zur Haltestelle *Laikmaa* zwischen dem Tallink Hotel und dem Viru Shopping Centre. Die Haltestelle ist vor der Abflughalle, das Ticket kostet beim Fahrer 1 Euro. Der Airport-Shuttle kostet 2 Euro (bis Viru Shopping Centre).

Es gibt nur eine internationale Zugverbindung nach Tallinn: ab Moskau. Die Fahrt (tgl.) dauert 15 Stunden und erfordert ein gültiges Visum für Russland. Mehrmals täglich verkehren Züge in die estnischen Städte Tartu, Pärnu, Viljandi, Rakvere und einmal nach Narva. Das Eisenbahnnetz innerhalb des Baltikums ist kaum ausgebaut – es ist leichter, von Moskau nach Tallinn zu reisen als von Vilnius oder Riga in die estnische Hauptstadt. Von Vilnius oder Riga nehmen Sie am besten den Bus.

AUSKUNFT

BALTIKUM TOURISMUS ZENTRALE
Hier bekommen Sie Hotelverzeichnisse und Broschüren. *Katharinenstr. 19–20 | 10711 Berlin | Tel. 030 89 00 90 91 | www. baltikuminfo.de*

TALLINN TOURIST INFORMATION CENTRE
Umfassende Infos über Tallinn – auch zu Veranstaltungen und Hotelbuchungen. Auf der sehr übersichtlichen Website *www.tourism.tallinn.ee* (auch auf Deutsch) gibt es zudem einen interaktiven Stadtplan. (112 C3) *(🗺 B4)* | *Kullassepa 4 | Tel. 6 45 77 77. Zweigstellen im Viru Shopping Centre ((113 D4) (🗺 C4) | Viru väljak 4 | Tel. 6 10 15 57), und im Terminal A des Hafens ((113 E2) (🗺 D3) | Sadama 25 | Tel. 6 31 83 21).*

AUTO

Autofahrer müssen Fahrzeugschein, EU-Führerschein und einen Ausweis dabeihaben; gegebenenfalls auch den Mietvertrag des Leihwagens. In Estland dürfen Sie im Ort 50 km/h, außerhalb von Ortschaften 90 km/h auf dem Tacho haben, falls nicht anders angegeben (auf Schnellstraßen auch 110 km/h). Abblendlicht und Gurt sind Pflicht, bei Alkohol gilt 0,0 Promille. Telefonieren dürfen Sie nur mit Freisprechanlage. An der Ampel entspricht blinkendes Grün deutschem Gelb, bei Gelb muss man halten. Vom 1. Dezember bis 1. März sind Winterreifen Pflicht.

Einige Hotels haben Stellplätze, ansonsten steht das Auto im Parkhaus oder auf einem bewachten Platz am sichersten. Die erste Viertelstunde parken Sie gratis (Parkscheibe auslegen), danach brauchen Sie im Zentrum Mo–Fr 7–19, Sa 8–15 Uhr, in der Altstadt rund um die Uhr einen Parkschein. Im Zentrum kostet das Parken 26 Cent pro Viertelstunde, in der Altstadt müssen Sie erheblich tiefer in die Tasche greifen: 1,15 Euro. Esten bezahlen ihren Parkschein per SMS, es gibt aber auch Automaten. Der Estnische Automobilclub leistet Pannenhilfe *(Tel. 18 88)*.

DIPLOMATISCHE VERTRETUNGEN

DEUTSCHE BOTSCHAFT
(112 B6) *(🗺 A6)* | *Toom-Kuninga 11 | Tel. 6 27 53 00 | www.tallinn.diplo.de*

ÖSTERREICHISCHE BOTSCHAFT
(113 D5) *(🗺 C5)* | *Vambola 6 | 5. Stock | Tel. 6 27 87 40 | tallinn-ob@bmeia.gv.at*

SCHWEIZER GENERALKONSULAT
(0) (*O*) | c/o TrübBaltic AS | Laki 5 | Tel.
6 58 11 33 | tallinn@honorarvertretung.ch

EINREISE

Für Estland gilt das Schengener Abkommen. An den Grenzen zu anderen Schengen-Staaten (viele Mitgliedsländer der EU sowie Island und Norwegen) werden keine Pässe kontrolliert. Trotzdem müssen Sie einen gültigen Ausweis bei sich haben.

GELD & KREDITKARTEN

Banken öffnen in der Regel Mo–Fr 9–17 Uhr. Bargeld bekommen Sie auch an den zahlreich vorhandenen Geldautomaten (EC- und Kreditkarten). Kreditkarten werden in vielen Restaurants, Hotels und Geschäften akzeptiert. Das Preisniveau ist insgesamt niedriger als in Deutschland.

GESUNDHEIT

Die medizinische Versorgung ist sehr gut. Ihre Krankenkasse stellt eine Auslandskrankenversicherungskarte (EHIC) aus. Die Kosten für eine Behandlung werden am Ort oder von der Kasse in Deutschland nach deutschem Leistungskatalog erstattet. Eine zusätzliche private Krankenversicherung deckt Mehrkosten und einen eventuellen Rücktransport ab. In der Regel sind Apotheken tgl. 9–18 Uhr geöffnet; einige (z. B. *Ülikooli apteek* im Viru Shopping Centre) schließen erst um 21 Uhr. 24 Stunden geöffnet ist die Apotheke *Tõnismäe Apteek* ((112 B5) (*B5*) Tõnismägi 5 | Tel. 6 44 22 82 | www.farmacia.ee).

INTERNETZUGANG & WLAN

Dank der fast flächendeckenden Versorgung mit gebührenfreiem WLAN in jedem Café, Restaurant und jedem Ort, der durch ein schwarz-orange-farbenes Schild mit der Aufschrift „Wifi" gekennzeichnet ist, können Sie via Skype nach Hause telefonieren oder über Facebook und E-Mail mit den Lieben daheim in Kontakt treten. In Tallinn gibt es insgesamt knapp 400 WLAN-Hotspots. Eine Übersicht über alle Hotspots in Estland (und Tallinn, dort nach Stadtteilen geordnet) finden Sie unter *wifi.ee*. Wer seinen eigenen Computer nicht dabeihat, kann folgende öffentliche Computer mit Internetzugang gratis nutzen:

HAUPTPOST
(113 D3) (*C4*) | Mo–Fr 8–20, Sa 9–17 Uhr | Narva mnt. 1, 2. Stock | Tel. 6 17 70 33

NATIONALBIBLIOTHEK
(112 B5) (*B6*) | Mo–Fr 11–20, Sa 12–19 Uhr | kostenlos nach Anmeldung | Tõnismägi 2 | Tel. 6 30 73 81

KLIMA & REISEZEIT

Das Klima ist maritim bis mäßig kontinental. Im Februar ist es im Schnitt minus 6 Grad kalt, die Sommer sind mit Durchschnittstemperaturen von 17 Grad im Juli mäßig warm. Die „weißen" Dämmernächte des Juni sind schön zum nächtelangen Flanieren. Auch der späte Frühling, wenn alles nach draußen strebt, ist eine gute Reisezeit. In den frostigen Monaten sind die verschneiten Fassaden romantisch anzusehen. Cafés und Museen zum Aufwärmen gibt es reichlich.

MIETWAGEN

Am Flughafen sind die gängigen Mietwagenfirmen vertreten. Am besten buchen Sie schon von zu Hause aus; Extras wie Kindersitze und GPS sollten vor allem in der Hauptsaison reserviert werden.

PRAKTISCHE HINWEISE

MÜCKEN

In der Stadt hält sich die Belästigung in Grenzen, doch an der Küste und auf dem Land ist ein Mückenschutzmittel unverzichtbar. Zwischen April und Oktober sollte man sich außerdem vor Zecken in Acht nehmen.

NOTRUF

Feuerwehr und Ambulanz: *Tel. 112*
Polizei: *Tel. 110*

ÖFFENTLICHE VERKEHRSMITTEL

In Tallinn verkehren Busse, Oberleitungsbusse und Straßenbahnen; für alle gelten dieselben Tickets. Die wichtigsten Busbahnhöfe sind *Viru keskus* (113 D4) (*M C4*) und *Vabaduse väljak* (112 C4) (*M B5*). Englischsprachige Fahrpläne finden Sie unter *www.tak.ee*. Fahrscheine sind an Kiosken erhältlich. Eine einfache Fahrt kostet immer 1 Euro, unabhängig von der Länge der Strecke oder ob Sie umsteigen. Zahlen Sie erst beim Fahrer, ist es etwas teurer. Es gibt Heftchen mit mehreren Fahrscheinen sowie Tickets, die eine (1,20 Euro), 24 (4 Euro) oder 72 Stunden (6 Euro) gültig sind.

ÖFFNUNGSZEITEN

In der Regel sind Geschäfte wochentags 10–21 Uhr geöffnet, am Wochenende bis 20 Uhr. Große Supermärkte öffnen bis 23 Uhr.

POST

Postkarten und Briefe brauchen etwa fünf Tage nach Deutschland. Die Hauptpost (*(113 D3) (M C4) | Narva mnt. 1*) öffnet Mo–Fr 7.30–20 und Sa 8–18 Uhr.

SICHERHEIT

Die Kriminalitätsrate in Tallinn ist niedrig. Achten Sie im Gedränge der Altstadt aber darauf, Handtaschen und Rucksäcke immer verschlossen und eng am Körper zu tragen (Taschendiebe sind in Tallinn keine Seltenheit!). Das Auto gehört auf einen der Parkplätze rings um die Stadtmauer. Natürlich sollte man nichts offen im Wagen herumliegen lassen. Sollte dennoch etwas passieren, wenden Sie sich an die Polizei (*Pärnu mnt. 139 c/1 | Tel. 1 44 10 oder 6 61 98 60*).

WAS KOSTET WIE VIEL?

Kaffee	**1,20–2,40 Euro** *für eine Tasse*
Gebäck	**1,20–2 Euro** *für ein Stück Kuchen*
Bier	**3 Euro** *für 0,5 l einer einheimischen Marke*
Fahrrad	**ab 1,60 Euro** *für eine Stunde Miete*
Snack	**2 Euro** *für ein Sandwich*
Konzert	**10–15 Euro** *für eine Eintrittskarte*

PREISE

Das Preisniveau ist nach wie vor deutlich niedriger als bei uns. Nur wenige Hauptstädte bieten ein vergleichbares gastronomisches Angebot zu so günstigen Preisen. Auch die Hotels kosten vor allem am oberen Ende der Preisskala nur etwa die Hälfte von dem, was Sie in anderen europäischen Metropolen bezahlen. Wer die Grenzen der Hauptstadt auch einmal hinter sich lässt, wird sich angesichts der niedrigen Hotel- und Restaurantrechnungen ungläubig die Augen reiben. Bus- und Taxifahren ist absolut preiswert. Anders sieht es beim Shopping aus, wenn Sie westliche Marken ins Auge gefasst haben. Kleidung ist dann kaum billiger als in Deutschland. Es lohnt sich also, beim Einkaufsbummel nach einheimischer Ware Ausschau zu halten.

STADTERKUNDUNG

BUSSE
Eine Flotte *Hop on, hop off*-Busse fährt drei verschiedene Routen ab. Sie können einen ganzen Tag lang nach Belieben aus- und später wieder einsteigen. Über Kopfhörer erhalten Sie Informationen auf Deutsch. Startpunkt ist die Haltestelle

Viru väljak (113 D3–4) (ᗢ C4) (16 Euro | Tel. 6 27 90 80 | www.citytour.ee).

FAHRRADVERLEIH & FAHRRADTOUREN
Bei *City Bike* in der Altstadt können Sie Räder mieten. Für 16 Euro wird dort auch eine zweieinhalbstündige englischsprachige Fahrradtour in gemütlichem Tempo bis zum Schloss Katharinental und nach Pirita angeboten *(tgl. 11 Uhr | ab City Bike Office | (112 C2) (ᗢ C3) | Uus 33 | Voranmeldung mindestens 1 Std. vor Start unter Tel. 5 111 8 19 | www. citybike.ee)*. Den Großraum Tallinn deckt die fünfstündige Fahrradtour „Tallinn Green Bike Tour" für (private) Gruppen ab, die Sie im Voraus bei *Tallinn Traveller*

WETTER IN TALLINN

	Jan.	Feb.	März	April	Mai	Juni	Juli	Aug.	Sept.	Okt.	Nov.	Dez.
Tagestemperaturen in °C	–4	–4	0	7	14	19	20	19	15	10	3	–1
Nachttemperaturen in °C	–11	–8	0	5	10	12	11	7	4	4	–3	–11
Sonnenschein Stunden/Tag	1	2	5	6	9	10	9	8	5	3	1	0
Niederschlag Tage/Monat	17	15	12	12	12	12	13	15	15	15	17	17
Wassertemperaturen in °C	1	1	1	2	5	11	15	17	13	9	6	3

PRAKTISCHE HINWEISE

Tours buchen können *(ab 20 Euro | Tel. 58 37 48 00 | www.traveller.ee)*.

IPOD-GUIDES

In der Touristeninformation können Sie deutschsprachige ipod-Guides für die Altstadt leihen *(19 Euro | www. euroaudioguide.com)*.

TAXI

Am preiswertesten fahren Sie, wenn Sie Ihr Taxi telefonisch bestellen und vor Antritt der Fahrt den Preis absprechen. Die Tarife stehen auf dem Rückfenster. Die Grundgebühr liegt bei 2,20–2,90 Euro; pro Kilometer werden zusätzlich 32 bis 70 Cent berechnet. Nachts liegt der Kilometerpreis etwa 20 Prozent über dem Tagessatz. Ein Dutzend Unternehmen sind im Einsatz, z. B. *Tallink Takso (Tel. 6 40 89 21)* oder *Tulika Taxi (Tel. 6 12 00 01)*.

TELEFON & HANDY

Die Vorwahl nach Deutschland ist +49, nach Österreich +43, in die Schweiz +41. Es folgt die Ortsvorwahl ohne Null und die Teilnehmernummer. Estland hat die Landesvorwahl +372. In Estland gibt es keine Vorwahlen. Da es dort auch keine öffentlichen Fernsprecher mehr gibt, ist man aufs Mobiltelefon (oder das Telefon auf dem Nachttisch im Hotel) angewiesen. Wer die Roaming-Gebühren seines heimischen Anbieters sparen will, hat in Tallinn die Wahl unter einer Vielzahl preiswerter Prepaid-Karten, die es in Supermärkten, Postfilialen und Tankstellen (Staoil) für ca. 20 Euro zu kaufen gibt. Gängige Anbieter sind etwa *Elisa (www.elisa.ee/konekaart/), Simpel (www.simpel.ee)* oder *Smart (www.tele2. ee/konekaart.html)*. Mit der Prepaid-Karte, die Sie immer wieder aufladen können, entfallen die Gebühren für eingehende Anrufe. Und: Sie bekommen schon zu Hause Ihre neue Nummer. Immer günstig sind SMS. Hohe Kosten verursacht die Mailbox: am besten noch im Heimatland abschalten!
Englischsprachige Auskunft: *Tel. 11 82*

TRINKGELD

Trinkgeld hat in Estland keine Tradition. In Restaurants, Hotels etc. hat es sich aber in den letzten Jahren eingebürgert, guten Service mit Trinkgeld in Höhe von bis zu zehn Prozent zu honorieren.

VERANSTALTUNGSKALENDER

Eine Jahresübersicht finden Sie auf der Website des Fremdenverkehrsamtes *(www.tourism.tallinn.ee)*; in der Stadt bietet die Gratisbroschüre „Tallinn this Week", die in Hotels und Geschäften ausliegt, aktuelle Hinweise.

ZEIT

In Estland ist es eine Stunde später als in Deutschland; es wird zeitgleich auf Sommerzeit umgestellt.

ZEITUNGEN

Die englischsprachige Wochenzeitung „The Baltic Times" berichtet aus den drei baltischen Staaten. Ebenfalls auf Englisch erscheint alle zwei Monate das „City Paper" mit Berichten aus Kultur und Politik.

ZOLL

Innerhalb der EU dürfen Reisende Waren zum persönlichen Gebrauch frei ein- und ausführen. Das umfasst 800 Zigaretten, 10 l Spirituosen und 90 l Wein. Für Schweizer gelten deutlich niedrigere Mengen.

SPRACHFÜHRER ESTNISCH

AUSSPRACHE

Zur Erleichterung der Aussprache:
Die Betonung liegt in der Regel auf der ersten Silbe.

k, p und t	am Wortanfang weich wie g, b, d
õ	wie kurz gesprochenes ö
e	wie kurzes ä
š	wie sch

AUF EINEN BLICK

ja/nein/vielleicht	jah/ei/võib olla
Bitte./Danke.	Palun./Tänan.
Entschuldige./Entschuldigen Sie!	Vabandust./Vabandage!
Darf ich ...?	Kas ma ...?
Wie bitte?	Kuidas palun?
Ich möchte .../Haben Sie ...?	Ma tahan .../Kas teil on ...?
Wie viel kostet ...?	Kui palju see maksab?
Das gefällt mir (nicht).	Mulle meeldib see. (See ei meeldi mulle.)
gut/schlecht	hea/paha
kaputt/funktioniert nicht	murtud/see ei tööta
zu viel/viel/wenig	liiga palju/palju/veidi
alles/nichts	kõik/midagi
Hilfe!/Achtung!/Vorsicht!	Appi!/Avarii!/Ettevaatust!
Krankenwagen/Polizei/Feuerwehr	kiirabi/politsei/tulekahju
Verbot/verboten	keeld/keelatud
Gefahr/gefährlich	riski/ohtlike
Darf ich Sie/hier fotografieren?	Kas tohin foto sina?/I pildistada siin?

BEGRÜSSUNG UND ABSCHIED

Gute(n) Morgen!/Tag!/Abend!/Nacht!	Tere hommikust!/Tere päevast!/Tere õhtust!/Head ööt!
Hallo!/Auf Wiedersehen!/Tschüss!	Tere!/Head aega!/Nägemiseni!
Ich heiße ...	Minu nimi on ...
Wie heißen Sie?	Kuidas on Teie nimi?
Wie heißt Du?	Kuidas on sinu nimi?
Ich komme aus ...	Mina tulen ...

KAS SA OSKAD EESTI KEELT?

„Sprichst du Estnisch?" Dieser Sprachführer hilft Ihnen, die wichtigsten Wörter und Sätze auf Estnisch zu sagen

DATUMS- UND ZEITANGABEN

Montag/Dienstag	esmapäev/teisipäev
Mittwoch/Donnerstag	kolmapäev/neljapäev
Freitag/Samstag	reede/laupäev
Sonntag/Werktag	pühapäev/tööpäev
Feiertag	puhkus
heute/morgen/gestern	täna/homme/eile
Stunde/Minute	tund/minut
Tag/Nacht/Woche	täev/öö/nädal
Monat/Jahr	kuu/aasta
Wie viel Uhr ist es?	Mis kell on?
Es ist drei Uhr.	Kell on kolm.
Es ist halb drei.	Kell on pool kolm.
Es ist Viertel vor drei.	Kell on kolmveerand kolm.
Es ist Viertel nach drei.	Kell on veerand neli.

UNTERWEGS

offen/geschlossen	avatud/suletud
Eingang/Einfahrt	sissepääs/sissepääs
Ausgang/Ausfahrt	väljapääs/väljapääs
Abfahrt/Abflug/Ankunft	ärasõit/lahkumine/saabumine
Toiletten	tualett
Damen	naistele/daamid
Herren	meestele/härrad
(kein) Trinkwasser	(ei) joogivesi
Wo ist ...?/Wo sind ...?	Kus on ...?
links/rechts	vasakule/parmale
geradeaus/zurück	otse/tagasi
nah/weit	lähedal/kaugel
Bus/Straßenbahn/U-Bahn/Taxi	autobuss/tramm/metro/takso
Haltestelle/Busbahnhof/Taxistand	bussipeatus/bussijaam/taksopeatus
Parkplatz/Parkhaus	parkla/valvega autoparkla
Stadtplan/(Land-)Karte	linnaplaan/maakaart
Bahnhof/Hafen/Flughafen	raudtejaam/sadam/lennujaam
Fahrplan/Fahrschein/Zuschlag	sõidupaan/pilet/lisamaks
einfach/hin und zurück	edasi/edasi-tagasi
Zug/Gleis/Bahnsteig	rong/tee/perroon
Ich möchte ... mieten.	Ma tahaksin ... üürida.
ein Auto/ein Fahrrad/ein Boot	autot/jalgratast/paati
Tankstelle	bensiinjaam

| Benzin/Diesel | bensiin/diisel |
| Panne/Werkstatt | õnnetus juhtum/autoteenindus |

ESSEN UND TRINKEN

Reservieren Sie uns bitte für heute Abend einen Tisch für vier Personen.	Palun reserveerige meile täna õhtuks üks laud neljale inimesele.
Die Speisekarte, bitte.	Menüüd, palun.
Könnte ich bitte ... haben?	Ma tahan, palun, ...?
Flasche/Karaffe/Glas	pudel/karahvin/klaas
Messer/Gabel/Löffel	nuga/kahvel/lusikas
Salz/Pfeffer/Zucker/Essig/Öl	sool/pipar/suhkur/äädikas/õli
Milch/Sahne/Zitrone	piim/hapukoor/sidruniga
kalt/versalzen/nicht gar	külm/soolane/keedetud
mit/ohne Eis/Kohlensäure	koos/ilma jäätis/gaaseritud
Vegetarier(in)/Allergie	Ma olen taimetoitlane/alergia
Ich möchte zahlen, bitte.	Palun, arvet!
Rechnung/Quittung	arvet/kviitungi
Trinkgeld	jootraha

EINKAUFEN

Ich möchte .../Ich suche ...	Ma soovin .../Ma tahaksin ...
Apotheke	apteek
Bäckerei/Markt	leivapood/turg
Einkaufszentrum/Kaufhaus/Supermarkt	kaubakeskus/kaubamaja/kaubahall
Fotoartikel/Zeitungsladen/Kiosk	foto artiklid/ajalehed/kiosk
teuer/billig/Preis	kallis/odav/hind
aus biologischem Anbau	mahepõllunduslikult kasvatatud

ÜBERNACHTEN

Ich habe ein Zimmer reserviert.	Ma broneerisin Teie juures toa.
Haben Sie noch ...?	Kas teil on ...?
Einzelzimmer/Doppelzimmer	ühene tuba/tahene tuba
Frühstück/Halbpension/Vollpension	hommikussöök/poole kostirahaga/ täiskostirahaga
mit Dusche/Bad	dušširuumiga/vannitoaga
Schlüssel/Zimmerkarte	võti/hotellitoad kaardiga
Gepäck/Koffer/Tasche	paki/seljakott/reisikott

BANKEN UND GELD

Bank/Geldautomat	pank/rahaautomaat
bar/ec-Karte/Kreditkarte	raha/ec-kaart/krediitkaart
Banknote/Münze	rahatähed/münt

SPRACHFÜHRER

GESUNDHEIT

Arzt/Zahnarzt/Kinderarzt	arst/hambaarst/lastearst
Krankenhaus/Notfallpraxis	haigla/vältimatu kirurgia
Fieber/Schmerzen	palavik/valud
Durchfall/Übelkeit	kõhulahtisus/paha
Sonnenbrand	päikesepõletus
Sonnencreme	päevituskreem
entzündet/verletzt	põletik/kahjustatud
Schmerzmittel/Tablette	valuvaigisti/tablett

TELEKOMMUNIKATION & MEDIEN

Briefmarke/Brief/Postkarte	kirjamark/kirjad/postkaart
Ich brauche eine Telefonkarte fürs Festnetz.	Mul on vaja telefonikaarti püsivõrku.
Ich suche eine Prepaidkarte für mein Handy.	Otsin kõnekaarti mu mobiili.
Wo finde ich einen Internetzugang?	Kus on lähim internetiühendus?
Brauche ich eine spezielle Vorwahl?	Kas ma pean eriline telefoni suunakood?
Computer/Batterie/Akku	arvuti/aku/aku
Internetanschluss/WLAN	internetiühendus/wireless lan

FREIZEIT, SPORT UND STRAND

Strand/Strandbad	rand/basseinid
Sonnenschirm/Liegestuhl	päikesevari/lamamistool
Ebbe/Flut/Strömung	mõõn/üleujutus/vool

ZAHLEN

0	null	14	neliteist
1	üks	15	viisteist
2	kaks	16	kuusteist
3	kolm	17	seitseteist
4	neli	18	kaheksateist
5	viis	19	üheksateist
6	kuus	20	kakskümmend
7	seitse	50	viiskümmend
8	kaheksa	100	sada
9	üheksa	200	kakssada
10	kümme	1000	tuhat
11	üksteist	10000	kümmend tuhat
12	kaksteist	½	pool
13	kolmteist	¼	üks neljandik

CITYATLAS

Die grüne Linie ▬▬ **zeichnet den Verlauf der Stadtspaziergänge nach**

Der Gesamtverlauf dieser Spaziergänge ist auch in der herausnehmbaren Faltkarte eingetragen

Bild: Einkaufsstraße Viru und Stadtmauer

Unterwegs in Tallinn

Die Seiteneinteilung für den Cityatlas finden Sie auf dem hinteren Umschlag dieses Reiseführers

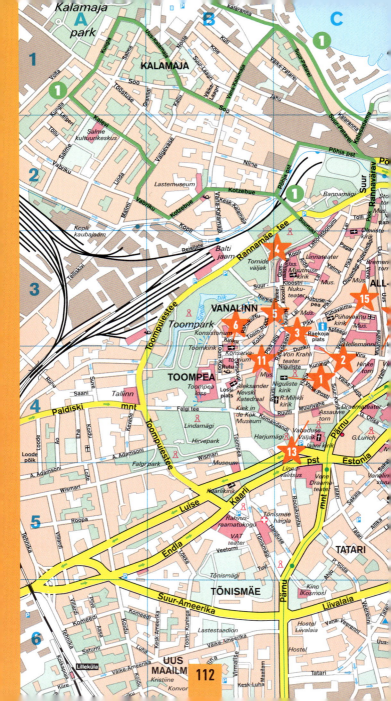

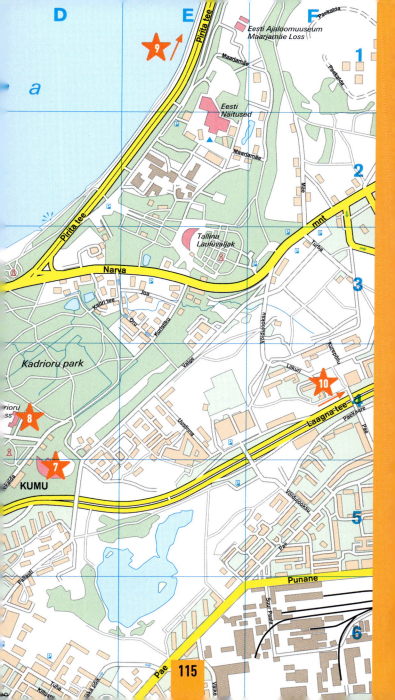

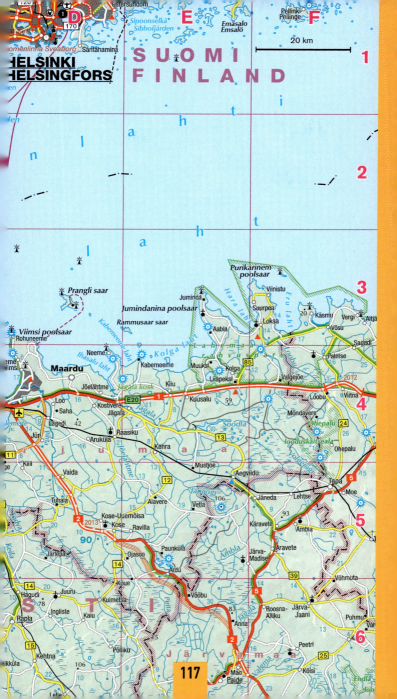

Das Register enthält eine Auswahl der im Cityatlas und in der Textkarte dargestellten Straßen und Plätze

A
A. Adamsoni **112/A4-A5**
Ahju **112/C5**
Ahtri **113/D3-E3**
Aia **112/C3-113/D4**
Aida **112/C3**
A. Laikmaa **113/D4**
A. Lauteri **113/D4-D5**
Allika **112/C5**
Apteegi **112/C3**
A. Weizenbergi **114/B4-115/D4**

B
Bensiini **114/B3-B4**

D
Dunkri **112/C4**

E
Endla **112/A6-B5**
Estonia puiestee **112/C4-113/D4**

F
Falgi tee **112/B4**
F. R. Faehlmanni **113/F4-114/B4**
F. R. Kreutzwaldi **113/E3-E5**

G
Gonsiori **113/E4-114/B6**
G. Otsa **112/C4**
Gumnaasiumi **112/C3**

H
Hariduse **112/B5-C5**
Harju **112/C4**
Harku **Textkarte**
Herne **112/C6-113/E6**
Hiiu **Textkarte**
Hiiu-Maleva **Textkarte**
Hiiu-Suurtuki **Textkarte**

Hobujaama **113/D3**
Hobusepea **112/C3**

I
Idakaare **Textkarte**
Inseneri **113/D3**
Islandi Väljak **113/D4**

J
Jaama **Textkarte**
Jahu **112/B1-C1**
J. Kunderi **113/E4-114/B6**
J. Köleri **114/B4-B5**
J. Mandmetsa **Textkarte**
J. Poska **114/B5-C4**
Juhkentali **113/D5-F6**
J. Vilmsi **114/B4-B6**
Jõe **113/E3**

K
Kaarli puiestee **112/B5-C4**
Kai **113/D2**
Kalasadama **112/C1-C2**
Kalevi **112/A2**
Kanuti **112/C3-113/D3**
Karu **113/E3-F3**
Kaubamaja **113/D4**
Kauka **113/D5**
Kaupmehe **113/D5**
Keldrimäe **113/E5-E6**
Kentmanni **112/C5-113/D5**
Kentmanni põik **112/C5-113/D5**
Kiriku **112/B3**
Kivisilla **113/D4**
Kohtu **112/B3-B4**
Koidu **112/A4-A6**
Komandandi **112/B4-C4**
Komeedi **112/A6-B6**
Kooli **112/C3**
Kopli **112/A2-B2**

Kotzebue **112/B2**
K. Türnpu **113/F5-114/B6**
Kungla **112/A1-A2**
Kuninga **112/C4**
Kuristiku **115/E3-E4**

L
Laagna tee **114/C5-115/F4**
Laboratooriumi **112/C2-C3**
Lai **112/C2-C3**
Lasnamäe **114/B6-115/D5**
Laste **Textkarte**
Lastekodu **113/E5-114/A6**
Laulupeo **113/F5**
Lembitu **113/D5**
Lennuki **113/D4-D5**
Liivalaia **112/C6-113/E5**
Liivamäe **113/E5-E6**
L. Koidula **114/B4-C5**
Logi **113/D2**
Lootsi **113/E2-E3**
Lootuse puiestee **Textkarte**
Lossi plats **112/B4**
Louna **Textkarte**
Luise **112/A5-B5**
Lätte **112/C5**
Läänekaare **Textkarte**
Lökke **112/B5-B6**

M
Maakri **113/D4-D5**
Maarijamäe **115/E1-F2**
Magasini **113/D6**
Mai **Textkarte**
Majaka **114/C6-115/D6**
Maneezi **113/E4**
Mardi **113/E5**
Mere puiestee **113/D2-D3**
Metsa **Textkarte**

STRASSENREGISTER

Mäe **115/F2**
Mäekalda **115/D4-D5**
Müürivahe **112/C3-C4**

N

Nafta **114/B4**
Narva maantee
113/D3-115/F2
Niguliste **112/C4**
Nunne **112/B3-C3**
Nurme **Textkarte**
Nõmme Kase
Textkarte

O

Odra **113/F6**
Olevimägi **112/C3**

P

Paadi **113/D3-E2**
Pae **115/E6-F4**
Pagar **112/C3**
Paldiski maanatee
112/A4
Pallasti **114/C6-115/D5**
Pargi **Textkarte**
Petrooleumi **114/B3**
Pikk **112/C2-C3**
Pikk jalg **112/B4-C3**
Pirita tee **115/D3-E1**
Pronski **113/E3-E4**
P. Süda **112/C5-C6**
Puane **115/F5-F6**
Põhja puiestee
112/C2-113/D2
Põllu **Textkarte**
Pärnu maantee
112/C6-113/D4,
Textkarte
Pühavaimu **112/C3**

R

Raekoja plats **112/C3**
Rahu **Textkarte**
Rahukohtu **112/B3**
Rannamäe tee
112/B3-113/D3
Rataskaevu **112/C3-C4**
Raua **113/E4-113/F3**

Raudtee **Textkarte**
Ravi **112/C6-113/D6**
Roheline aas
114/C4-C5
Roosikrantsi **112/C5**
Rumbi **113/D2**
Rävala puiestee
112/C5-113/D4
Rüütli **112/B4-C4**

S

Sadama **113/D2-E2**
Sakala **112/C4-C5**
Sambla **Textkarte**
Sanatooriumi
Textkarte
Sihi **Textkarte**
Soo **112/A1-C2**
Sulevimägi **112/C3**
Suur-Ameerika
112/A6-B6
Suur-Karja **112/C4**
Suur-Kloostri
112/B3-C3
Suur-Patarei **112/C1-C2**
Suur Rannavärav
112/C2
Suurtüki **112/C2-C3**

T

Tartu maantee
113/E4-114/B6
Tatari **112/C5-C6**
Teatri Väljak **113/D4**
Tehnika **112/A5-A6**
Telliskivi **112/A3**
Tina **113/F4**
Tolli **112/C2**
Toom-Kooli **112/B3-B4**
Toom-Kuninga **112/B6**
Toompea **112/B4-B5**
Toompuiestee
112/B3-B5
Toom-Rüütli **112/B3**
Turba **115/F3**
Tuukri **113/E3-F3**
Tõnismägi **112/B5**
Tähe **Textkarte**
Tööstuse **112/A1-B2**

U

Uus **112/C2-C3**
Uus-Kalamaja
112/A1-B1
Uuslinna **115/E4**
Uus-Sadama
114/A3-A4

V

Vabaduso puiestee
Textkarte
Vabriku **112/A2-B2**
Vaimu **112/C3**
Valdeku **Textkarte**
Valge **115/D5-F3**
Valgevase **112/A2-B2**
Valguse **Textkarte**
Valli **112/C4**
Vammbola **113/D5**
Vana-Kalamaja
112/B1-B2
Vana-Mustamäe
Textkarte
Vana-Posti **112/C4**
Vana-Pärnu maantee
Textkarte
Vana-Veerenni **112/C6**
Vana-Viru
112/C3-113/D3
Vase **113/F3-F4**
Veerenni **112/C6**
Vene **112/C3-C4**
Vesivärava **114/A4-B5**
Villardi **112/A5-A6**
Viru **112/C4-113/D4**
V. Reimani **113/E4**
Võidujooksu **115/F3-F4**
Väike-Ameerika
112/A6-B6
Väike-Karja **112/C4**
Väike-Kloostri **112/C3**
Väike Rannavärav
112/C2-113/D2

W

Wismari **112/A5-B4**

Õ

Õie **Textkarte**

KARTENLEGENDE

Autobahn / Autoroute	Motorway / Autosnelweg
Vierspurige Straße / Route à quatre voies	Road with four lanes / Weg met vier rijstroken
Fernstraße / Route à grande circulation	Trunk road / Weg voor interlokaal verkeer
Hauptstraße / Route principale	Main road / Hoofdweg
Sonstige Straßen / Autres routes	Other roads / Overige wegen
Einbahnstraße / Rue à sens unique	One-way street / Straat met eenrichtingsverkeer
Fußgängerzone / Zone piétonne	Pedestrian zone / Voetgangerszone
Information - Parkplatz / Information - Parking	Information - Parking place / Informatie - Parkeerplaats
Hauptbahn mit Bahnhof / Chemin de fer principal avec gare	Main railway with station / Belangrijke spoorweg met station
Sonstige Bahn / Autre ligne	Other railway / Overige spoorweg
Sehenswerte Kirche - Sonstige Kirche / Église remarquable - Autre église	Church of interest - Other church / Bezienswaardige kerk - Andere kerk
Synagoge - Moschee / Synagogue - Mosquée	Synagogue - Mosque / Synagoge - Moskee
Denkmal - Jugendherberge / Monument - Auberge de jeunesse	Monument - Youth hostel / Monument - Jeugdherberg
Polizeistation - Postamt / Poste de police - Bureau de poste	Police station - Post office / Politiebureau - Postkantoor
Krankenhaus / Hôpital	Hospital / Ziekenhuis
Bebauung, öffentliches Gebäude / Zone bâtie, bâtiment public	Built-up area, public building / Woongebied, openbaar gebouw
Industriegelände / Zone industrielle	Industrial area / Industrieterrein
Park, Wald - Friedhof / Parc, bois - Cimetière	Park, forest - Cemetery / Park, bos - Kerkhof
Stadtspaziergänge / Promenades en ville	Walking tours / Wandelingen door de stad
MARCO POLO Highlight	MARCO POLO Highlight

FÜR DIE NÄCHSTE REISE ...

ALLE **MARCO POLO** REISEFÜHRER

DEUTSCHLAND

Allgäu
Amrum/Föhr
Bayerischer Wald
Berlin
Bodensee
Chiemgau/
   Berchtesgadener
   Land
Dresden/
   Sächsische
   Schweiz
Düsseldorf
Eifel
Erzgebirge/
   Vogtland
Franken
Frankfurt
Hamburg
Harz
Heidelberg
Köln
Lausitz/
   Spreewald/
   Zittauer Gebirge
Leipzig
Lüneburger Heide/
   Wendland
Mark Brandenburg
Mecklenburgische
   Seenplatte
Mosel
München
Nordseeküste
   Schleswig-Holstein
Oberbayern
Ostfriesische Inseln
Ostfriesland/
   Nordseeküste
Niedersachsen/
   Helgoland
Ostseeküste
   Mecklenburg-
   Vorpommern
Ostseeküste
   Schleswig-Holstein
Pfalz
Potsdam
Rheingau/
   Wiesbaden
Rügen/Hiddensee/
   Stralsund
Ruhrgebiet
Sauerland
Schwäbische Alb
Schwarzwald
Stuttgart
Sylt
Thüringen
Usedom
Weimar

**ÖSTERREICH
SCHWEIZ**

Berner Oberland/
   Bern
Kärnten
Österreich
Salzburger Land
Schweiz
Steiermark
Tessin

Tirol
Wien
Zürich

FRANKREICH

Bretagne
Burgund
Côte d'Azur/
   Monaco
Elsass
Frankreich
Französische
   Atlantikküste
Korsika
Languedoc-Roussil-
   lon
Loire-Tal
Nizza/Antibes/
   Cannes/Monaco
Normandie
Paris
Provence

**ITALIEN
MALTA**

Apulien
Capri
Dolomiten
Elba/Toskanischer
   Archipel
Emilia-Romagna
Florenz
Gardasee
Golf von Neapel
Ischia
Italien
Italienische Adria
Italien Nord
Italien Süd
Kalabrien
Ligurien/Cinque
   Terre
Mailand/Lombardei
Malta/Gozo
Oberital. Seen
Piemont/Turin
Rom
Sardinien
Sizilien/Liparische
   Inseln
Südtirol
Toskana
Umbrien
Venedig
Venetien/Friaul

**SPANIEN
PORTUGAL**

Algarve
Andalusien
Barcelona
Baskenland/Bilbao
Costa Blanca
Costa Brava
Costa del Sol/
   Granada
Fuerteventura
Gran Canaria
Ibiza/Formentera
Jakobsweg/Spanien
La Gomera/

El Hierro
Lanzarote
La Palma
Lissabon
Madeira
Madrid
Mallorca
Menorca
Portugal
Sevilla
Spanien
Teneriffa

NORDEUROPA

Bornholm
Dänemark
Finnland
Island
Kopenhagen
Norwegen
Oslo
Schweden
Stockholm
Südschweden

**WESTEUROPA
BENELUX**

Amsterdam
Brüssel
Dublin
Edinburgh
England
Flandern
Irland
Kanalinseln
London
Luxemburg
Niederlande
Niederländische
   Küste
Schottland
Südengland

OSTEUROPA

Baltikum
Budapest
Danzig
Estland
Kaliningrader
   Gebiet
Krakau
Lettland
Litauen/Kurische
   Nehrung
Masurische Seen
Moskau
Plattensee
Polen
Polnische
   Ostseeküste/
   Danzig
Prag
Riesengebirge
Russland
Slowakei
St. Petersburg
Tallinn
Tschechien
Ukraine
Ungarn
Warschau

SÜDOSTEUROPA

Bulgarien
Bulgarische
   Schwarzmeer-
   küste
Kroatische Küste/
   Dalmatien
Kroatische Küste/
   Istrien/Kvarner
Montenegro
Rumänien
Slowenien

**GRIECHENLAND
TÜRKEI
ZYPERN**

Athen
Chalkidiki
Griechenland
   Festland
Griechische Inseln/
   Ägäis
Istanbul
Korfu
Kos
Kreta
Peloponnes
Rhodos
Samos
Santorin
Türkei
Türkische Südküste
Türkische Westküste
Zakinthos
Zypern

NORDAMERIKA

Alaska
Chicago und
   die Großen Seen
Florida
Hawaii
Kalifornien
Kanada
Kanada Ost
Kanada West
Las Vegas
Los Angeles
New York
San Francisco
USA
USA Neuengland/
   Long Island
USA Ost
USA Südstaaten/
   New Orleans
USA Südwest
USA West
Washington D.C.

**MITTEL- UND
SÜDAMERIKA**

Argentinien
Brasilien
Chile
Costa Rica
Dominikanische
   Republik
Jamaika
Karibik/

Große Antillen
Karibik/
   Kleine Antillen
Kuba
Mexiko
Peru/Bolivien
Venezuela
Yucatán

**AFRIKA UND
VORDERER
ORIENT**

Ägypten
Djerba/
   Südtunesien
Dubai
Israel
Jordanien
Kapstadt/
   Wine Lands/
   Garden Route
Kapverdische Inseln
Kenia
Marokko
Namibia
Qatar/
   Bahrain/
   Kuwait
Rotes Meer/Sinai
Südafrika
Tansania/
   Sansibar
Tunesien
Vereinigte
   Arabische Emirate

ASIEN

Bali/Lombok
Bangkok
China
Hongkong/
   Macau
Indien
Indien/Der Süden
Japan
Kambodscha
Ko Samui/
   Ko Phangan
Krabi/Ko Phi Phi/
   Ko Lanta
Malaysia
Nepal
Peking
Philippinen
Phuket
Rajasthan
Shanghai
Singapur
Sri Lanka
Thailand
Tokio
Vietnam

**INDISCHER OZEAN
UND PAZIFIK**

Australien
Malediven
Mauritius
Neuseeland
Seychellen
Südsee

REGISTER

Im Register finden Sie alle in diesem Reiseführer beschriebenen Sehenswürdigkeiten, Museen und Ausflugsziele sowie wichtige Sachbegriffe und Personen. Gefettete Seitenzahlen verweisen auf den Haupteintrag.

Adamson-Eric-Museum **29**, 46
Adamson-Ericu Muuseum **29**, 46
Aleksander Nevski Katedraal 11, 13, 18, 24, **38**, 40, 96
Alexander-Newski-Kathedrale 11, 13, 18, 24, **38**, 40, 96
All-linn 13, 26, **29**, 38, 39, 62, 70
Altstadt 11, 13, 14, 15, 26, 27, 28, 29, 32, 38, 56, 87, 92, 94, 95, 100, 101, 104, 124
Armenhaus des Heiligen Johannes des Täufers **42**
Art Hall Gallery 44
Aussichtsterrassen 13, 24, **39**
Bastionide Käigud **41**
Botanischer Garten **49**
Brigittenkloster 27, **49**, 95
City 26, 38, **42**
Deutschbalten **18**, 25, 40, 50, 52
Dicke Margarete **30**, 36
Domberg 13, 21, 22, 24, 26, **38**, 87, 92, 124
Dominiiklaste Klooster **30**
Dominikanerkloster **30**
Domkirche 24, **40**
Drei Schwestern 35, 82
Eesti Ajaloomuuseum **30**, **51**
Eesti Kunstimuuseum 25, 27, **46**, 94
Eesti Loodusmuuseum **92**
Eesti Meremuuseum **30**
Eesti Tarbekunsti-ja Disainimuuseum **30**
Eesti Teatri-ja Muusikamuuseum **32**
Eesti Vabaõhumuuseum 33, **50**, 92, 94
Eisbahn **92**
Energia keskus 89
Estnisches Freilichtmuseum 33, **50**, 92, 94
Estnisches Historisches Museum **30**, **51**
Estnisches Kunstmuseum 25, 27, **46**, 49
Estnisches Museum für angewandte Kunst und Design **30**
Estnisches Naturkundemuseum **92**
Estnisches Schifffahrtsmuseum **30**
Estnisches Theater- und Musikmuseum **32**
Fernsehturm **51**
Feuerturm **51**
Fischerhaus **86**
Fischmarkt 68, 89
FK Keskus **92**
Fotomuseum im alten Ratsgefängnis 29, **32**
Fotomuuseum 29, **32**
Freiheitsmonument 43
Freiheitspark 91
Freiheitsplatz **43**, 70
Glehni loss 89
Glehni Park 33, 90
Glehn-Park 33, 90
Glehn'sches Schloss 89
Großes Sängerfest 53, **94**
Großes Strandtor 31
Gutshof Sagadi 52
Hafen 13, 14, 24, 26, 32, 38, 68, 88, 99

Harju 70
Haus der Großen Gilde 24, 30, 35
Haus der Schwarzhäupter-Bruderschaft 24, **33**, 35, 76
Heiliggeistkirche **33**
Hiiu Park 91
IT 12, 15, **21**
Jaani Kirik 43, 95
Jaani Seek **42**
Jõelähtme 33
Johanniskirche 43, 95
Kadriorg 25, 26, 28, **45**
Kadrioru Kunstimuuseum 46, 49
Kadrioru Loss 15, 18, 25, 27, 46, **48**, 104
Kadrioru Park 25, **46**
Kakumäe 50
Kalamaja **86**
Kalamaja Park 88
Kalev **21**
Kalevipoeg 21, 90
Kalev Spa Veekeskus 40, **92**
Kalev-Spa-Wasserpark 40, **92**
Käsmu 52
Katharinental 25, 26, 28, **45**
KGB-Hauptquartier **33**
KGB-Museum im Hotel Viru **43**
Kiek in de Kök **40**
Kivisilla 42
Kohtuotsa Vaateplats 13, 24, **39**
Kolm Õde 35, 82
Kopli **37**
Kopli-Bucht 40
Kriegsdenkmal **51**
Kristjan Raua majamuuseum 46, **90**
Kristjan-Raud-Haus 46, **90**
Kullassepa 62
KUMU 25, 27, **46**, 94
Kunsthalle 43, **44**
Lahemaa-Nationalpark **52**, 124
Lahemaa Rahvuspark **52**, 124
Langer Hermann **41**
Lasnamäe 15, 28
Lastemuuseum 86, **93**
Lauluväljak **53**, 94
Lennusadam 22, 26, 32, **34**, 38, 89
Linnamüür 11, 22, 24, 26, 29, **36**, 95
Linnamuuseum 29, 36, **37**, 42
Lõuna 91
Maarjamäe **51**
Maarjamäe loss 51
Marzipan-Museum 65
Meeresmuuseum 22, 26, 32, **34**, 38, 89
Mere 70
Metsalinn 90
Mikkeli muuseum 49
Mikkel-Museum 49
Museum Miia-Milla-Manda **93**
Mustamäe mõis 89
Mustpeade Maja 24, **33**, 35, 76
Müürivahe 62, 70
Nationaloper 25, 76, **77**, 94
Neustadt 26, 38, **42**
Niguliste Kirik 34, 46, 77, 95
Nikolaikirche **34**, 46, **77**, 95
Nõmme 33, **89**

Nõmme-Museum 89
Nõmme Muuseum 89
Oberstadt 13, 22, 24, 26, **38**, 87, 92, 124
Öie 91
Okkupationsmuseum **44**
Okupatsioonide Muuseum **44**
Olaikirche 24, 34, **35**
Oleviste Kirik 24, 34, **35**
Oper 25, 76, **77**, 94
Pakri 53
Paks Margareeta **30**, 36
Paldiski **53**
Paljassaare 87
Palmse 52
Park von Katharinental 25, **46**
Parlament 13, 38, 41
Patarei Kulturpark 88
Patarei merekindlus 88
Patkuli i repp ja Vaateplats 13, 24, **39**
Peeter I Majamuuseum 49
Peter der Große 15, 18, 45, 46, 48, 49, 53
Peterhäuschen 49
Peter I. 15, 18, 45, 46, 48, 49, 53
Pikk 24, 35, 89
Pikk Hermann **41**
Pirita 26, 28, 33, 40, 49, 104
Pirita Klooster 27, **49**, 95
Pirita Tee 33
Põhja-Tallinn 87
Präsidentenpalast **47**
Pühavaimu Kirik **33**
Puppenmuseum 86, **93**
Raeapteek 36
Raekoja 24, **36**, 95
Raekoja Plats 11, 24, 26, **36**, 94, 95, 124
Rahvusooper Estonia 25, 76, **77**, 94
Rathaus 24, **36**, 95
Rathausplatz 11, 24, 26, **36**, 94, 95, 124
Ratsapotheke 36
Reval 13, 22, 34, 50, 86
Riigikogu 13, 38, 41
Rocca al Mare 33, **50**, 92, 94
Rotermann Kvartal **23**
Rotermann-Viertel **23**
Russalka **48**
Russen 12, 14, 18, **23**, 27, 37, 38, 64, 70
Saaremaa 98
Sanatooriumi Park 91
Sängerfest 22, 53, **94**
Sängerfestplatz 53, 94
Sauna 14, 40, 78
Schloss Hohenhaupt 89
Schloss Katharinental 15, 18, 25, 27, 46, **48**, 104
Schloss Maarjamäe 51
Schloss Toompea 13, **41**
Schwertbrüderorden 13, 18
Seaplane Harbour 22, 26, 32, **34**, 38, 89
Segelzentrum 49
Sowjets 12, 14, 15, 18, 19, 20, 22, 23, 28, 33, 34, 37, 43, 44, 45, 46, 51, 53, 54, 64, 88, 90, 124
Stadtmauer 11, 22, 24, 26, 29, **36**, 95

Stadtmuseum 29, 36, **37**, 42
Strände 40
Stromi 40
Sünagoog **44**
Suur-Karja 62, 70
Suur Rannavärav 31
Synagoge **44**
Tahkuna Tuletorn **53**
Tallinna Botaanikaaed **49**
Tallinna Kunstihoone 43, **44**
Teletorn **41**
Three Sisters 35, 82
Toomas der Zug **93**
Toomkirik 24, **40**

Toompea 13, 21, 22, 24, 26, **38**,
     87, 92, 124
Toompea Loss 13, **41**
Tunnel **41**
Uferpromenade 14, 22, 26, 33, 34,
     38, 89, 99
Uisuplats **92**
Unterstadt 13, 26, **29**, 38, 39, 62,
     70
Vabaduse Park **91**
Vabaduse väljak **43**, 70, 103
Vabariigi Presidendi Kanteselei
     47
Väike-Karja 62

Vanalinn 11, 13, 14, 15, 26, 27, 28,
     29, 32, 87, 92, 94, 95, 100, 101,
     104, 124
Vana-Posti 70
Viimsi 40
Viru 24, **38**, 62
Viru keskus 103
Viru-Platz 28, 38, 62
Viru Väljak 38, 62
Waldstadt 90
Wollmarkt Müürivahe 24, 62, **68**
Zentrum für Wissenschaft und
     Technologie 89
Zoo **53**, 99

SCHREIBEN SIE UNS!

SMS-Hotline: 0163 6 39 50 20

Egal, was Ihnen Tolles im Urlaub be-
gegnet oder Ihnen auf der Seele brennt,
lassen Sie es uns wissen! Ob Lob, Kritik
oder Ihr ganz persönlicher Tipp – die
MARCO POLO Redaktion freut sich auf
Ihre Infos.
Wir setzen alles dran, Ihnen möglichst
aktuelle Informationen mit auf die
Reise zu geben. Dennoch schleichen
sich manchmal Fehler ein – trotz gründ-

E-Mail: info@marcopolo.de

licher Recherche unserer Autoren/innen.
Sie haben sicherlich Verständnis, dass
der Verlag dafür keine Haftung über-
nehmen kann. Kontaktieren Sie uns per
SMS, E-Mail oder Post!

MARCO POLO Redaktion
MAIRDUMONT
Postfach 31 51
73751 Ostfildern

IMPRESSUM
Titelbild: Rathausplatz (F1online/age: Jose Moya)
Fotos: S. Bisping (1 u.); DuMont Bildarchiv: Hirth (18/19, 41, 51); F1online/age: Jose Moya (1 o.); F. M. Frei (2 o., 3 u., 4, 5, 7, 78/79, 98 o.); R. Hackenberg (99); © iStockphoto.com: Giedrius Dagys (17 o.); V. Janicke (38); Laif: Hirth (6, 86/87), Hub (20/21), Lengler (Klappe r.), Schwelle (60 r.); Laif/Zenit: Boening (44); K. Maeritz (Klappe l., 2 M.o., 2 u., 3 o., 3 M., 8, 9, 10/11, 12/13, 15, 22, 24 l., 24 r., 25, 30, 32, 35, 37, 42/43, 46, 48, 54/55, 56, 59, 62/63, 64, 66, 69, 70/71, 72, 75, 77, 80, 83, 84, 92, 92/93, 93, 94/95, 95, 98 u., 110/111); mauritius images: Alamy (52, 88); C. No-wak (90); Piret Räni (16 u.); Restoran Turg (17 u.); Mari-Liis Roots (16 M.); Segway eesti (16 o.); Transit Archiv: Hirth (2 M.u., 26/27, 60 l., 94)

2. Auflage 2013
Komplett überarbeitet und neu gestaltet
© MAIRDUMONT GmbH & Co. KG, Ostfildern
Chefredaktion: Michaela Lienemann (Konzept, Chefin vom Dienst), Marion Zorn (Konzept, Textchefin)
Autorin: Stefanie Bisping; Redaktion: Karin Liebe
Verlagsredaktion: Anita Dahlinger, Ann-Katrin Kutzner, Nikolai Michaelis
Bildredaktion: Gabriele Forst, Stefan Scholtz
Im Trend: wunder media, München
Kartografie Reiseatlas: © MAIRDUMONT, Ostfildern; Kartografie Faltkarte: © MAIRDUMONT, Ostfildern
Innengestaltung: milchhof:atelier, Berlin; Titel, S. 1, Titel Faltkarte: factor product münchen
Sprachführer: in Zusammenarbeit mit Ernst Klett Sprachen GmbH, Stuttgart, Redaktion PONS Wörterbücher
Das Werk einschließlich aller seiner Teile ist urheberrechtlich geschützt. Jede urheberrechtsrelevante
Verwertung ist ohne Zustimmung des Verlags unzulässig und strafbar. Das gilt insbesondere für Vervielfälti-
gungen, Übersetzungen, Nachahmungen, Mikroverfilmungen und die Einspeicherung und Verarbeitung in
elektronischen Systemen.
Printed in China

BLOSS NICHT

Diese Dinge sollten Sie in Tallinn vermeiden!

ÜBER DIE ÄRA DER SOWJETUNION WITZELN

Viele Menschen verbinden damit schmerzliche Erinnerungen. Russenwitze sind jedenfalls unbedingt fehl am Platz. In Tallinn landet Ihr Witz mit 30-prozentiger Wahrscheinlichkeit an der falschen Adresse, nämlich bei einem Russen.

MIT WESTLICHEM WOHLSTAND PROTZEN

Die Kriminalität ist zwar gering, doch sie hat in den vergangenen Jahren zugenommen. Man hört gelegentlich von Touristen, die ausgeraubt wurden, nachdem sie allzu lässig mit Bündeln von Bargeld gewedelt haben. Bedenken Sie, dass der Mehrheit der Esten deutlich weniger Geld zur Verfügung steht als Westeuropäern.

DIE FALSCHE TOILETTENTÜR ÖFFNEN

Ein Dreieck, dessen Spitze nach unten zeigt, wendet sich an Männer *(Meeste)*. Zeigt die Spitze nach oben, sind Frauen *(Naiste)* richtig. Die Symbole haben in abstrahierter Form mit dem Körperbau von Männern und Frauen zu tun.

SICH VOM TAXIFAHRER ABZOCKEN LASSEN

An sich ist Taxifahren in Tallinn preiswert. Vor allem auf der Strecke vom Flughafen in die Stadt versuchen aber manche Chauffeure, ein schnelles Zubrot einzufahren. Die Strecke sollte 6–7 Euro kosten. Am besten sprechen Sie schon vor der Fahrt über den Preis.

MIT HIGHHEELS DURCH DIE ALTSTADT

Nur einheimische Frauen schaffen es, in Stilettos über den Rathausplatz zu laufen – oder gar auf den Domberg. Die Altstadt ist zu ca. 80 Prozent mit mittelalterlichem Kopfstein gepflastert. Das sieht zwar wunderschön aus, aber ohne bequeme Schuhe werden Sie daran keine Freude haben.

OHNE BLUMEN BESUCHE MACHEN

Die Esten lieben Blumen und verschenken sie bei jeder Gelegenheit. Vor allem zu Geburtstagen sollten Sie nicht ohne erscheinen. Eine einzige genügt, bei einem Strauß wählen Sie eine ungerade Zahl Blumen. Gerade Zahlen sind ebenso wie weiße Blüten Beerdigungen vorbehalten, rote Rosen sind das Privileg des oder der Liebsten.

WILD PARKEN

Ihr Auto sollten Sie möglichst nur auf bewachten Parkplätzen *(valvega autoparkla)* abstellen. Rund um die Stadtmauer gibt es einige davon.

IM LAHEMAA-NATIONAL-PARK WILD CAMPEN

Zwar ist das Zelten und Campen außerhalb von ausgewiesenen Campingplätzen in Estland grundsätzlich erlaubt – dies gilt jedoch nicht für Nationalparks.